JN411074

오렌지나무를 오르다

문학의전당 · 시인선 89
오렌지나무를 오르다

초판인쇄 2010년 4월 25일
초판발행 2010년 4월 30일

지 은 이 전정아
펴 낸 이 김충규
펴 낸 곳 문학의전당
출판등록 제387-2003-00048호(2003년 9월 8일)

주 소 121-718 서울특별시 마포구 공덕2동 404번지 풍림VIP빌딩 202호
전화번호 02-852-1977
팩시밀리 02-852-1978
블 로 그 http://blog.naver.com/mhjd2003
전자우편 mhjd2003@naver.com

I S B N 978-89-93481-53-2 03810

오렌지나무를 오르다

전정아 시집

문학의전당

自 序

시인의 운명 안에 첫발을 내딛는 순간부터
나는 어떤 종교에 입적한 것 같은 느낌을 받았다.
시라는 종교가 펼쳐 보이던 것들
어쩜 밤의 숲에 제물로 바치고자 하는
내 의식의 시작이라고나 할까.
그동안 나만의 골방 안에서 얻은 작은 씨앗들
그 씨앗을 성장시키기 위해서는 남다른 노력 또한
필요하다는 것을 안다.
이제 시작이라고
착실한 시의 신자가 될 것이라고
새롭게 각오하면서 이 책을 꺼낸다.

차례

1부

2부

3부

4부

1부

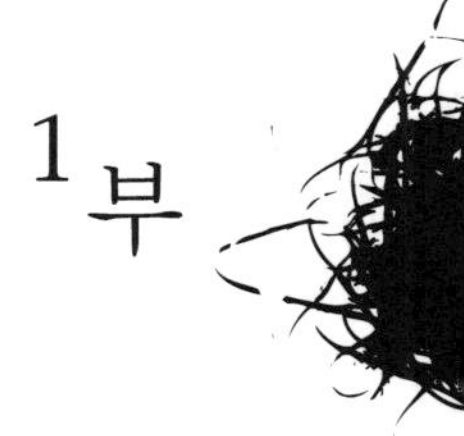

등의 지도

소의 등에는
하느님이 새겨주신 지도가 있다
땅을 잘 기억하라는 말씀이
부드러운 털마다 새겨져 있다
소는 등의 지도를 질긴 가죽으로
꼭꼭 동여매고 다닌다
길을 걷다가 위장이 허기를 알리면
하늘을 한 번 쳐다 본 후
고개를 뒤로 젖혀 지도를 펼쳐본다
등의 지도가 빼곡하게 복사되어 있는 흙
지도를 해독한 소는
풀이 자라는 곳을 찾아낸다
자신의 등이 왜 흙의 빛깔을 닮았는지
곧 알아차린다
음머어, 음머어
배에 풀을 가득 채운 소가
하늘을 쳐다보며 말씀을 암송한다

블루침대

방 한 귀퉁이에 놓인 침대에 몸을 눕힌다
세상의 모든 벽은
내 몸에 노동의 무게를 얹어
나를 누른다 몇 시간의 단잠
난 외출을 준비한다
지상 180센티미터* 영혼의 거처라는 높이에서
유영하는 또 다른 나
노곤한 숨소리로 벽에서 벗어나
히말라야 산 양털매트리스에 누운
나를 본다
꿈의 블루침대!
나는 벽 밖을 날고 있다
총천연색 꿈들로 가득 찬 침대에서
나의 무게는 이미 사라졌다
새벽 다섯 시, 자명종이 잠을 흔들면
소란한 노점의 거리로 나가야 된다
눈꺼풀을 비비며
나를 밟고 뛰어 노는 노동과 인간 사이
튼튼한 스프링을 숨긴 벽과 부딪치며
좌판 위에서 튕겨져야 한다

*스위스의 제네바대학교 교수인 올라프 블란케의 연구결과

위그든 씨를 만나다

단칸방, 빗물에 젖은 천정
곰팡이 꽃에 짓눌리는 밤
버찌 씨 여섯 알갱이 손에 꼭 쥐고
위그든* 씨 찾아간다
한 발자국 내디딜 때마다
한 발자국만큼
세상의 저울 위에서 가벼워지는 나
문을 열자 방울이 노랑나비를 날리며
위그든 씨의 창을 두드린다
오목한 주름 속엔 고봉 웃음이 넘치고
머리카락마다 백로를 키우고 있는 위그든 씨
그의 가슴과 포옹하며 어린아이가 된다
뛰는 심실 사이로 여전히 진열대는 숨쉬고
색색의 사탕이 입 안 곳곳에 스며들며
나를 고민시킨다
내 영혼 어느 곳에 머물며
나를 조종하고 있는 삭풍
달콤한 사탕 맛을 읽으며 녹여본다
한 움큼의 사탕이 함박웃음으로 돌아올 때
고민의 끝을 지켜보던 위그든 씨가 웃는다

버찌 씨 여섯 알갱이를 받고 변함없이
2센트짜리 동전을 거슬러주는 위그든 씨
천정을 수놓은 위그든 씨의 미소가
곰팡이 꽃을 삼킨다

*폴 빌라드 作, 『이해의 선물』에 나오는 인형가게 주인

페르몬 발자국

숲이 매력을 잃은 걸까
달기만 한 꽃의 꿀
똑같은 진드기만 키우는 엉겅퀴
신생의 것을 열망하는 개미는
고층 건물도 마다하지 않는다
다양한 인스턴트식품과 최신유행이 드나드는 집
언젠가 돈에 반한 개미가
사람의 금고에 구멍을 낼지도 모를 일
개미가 마음만 먹으면
불가능한 일도 아니리라
미래엔 무언가 잃어버렸을 때
분실물센터보다 개미의 창고에 먼저 가보라
만물상 주인이 된 개미가
웃음을 철철 쏟으며 당신을 맞더라도
놀라지 말지어다
쉬지 않고 움직이는 개미
가야 할 길이 벽이라면 뚫어서라도 간다
개미는 어디서 제 생의 화룡점정을 찍고 싶은 걸까?
버스에서 지하철로 지하철에서 KTX로
머지않아 비행기 좌석에 앉아 있는

개미와 마주칠지도……
어쩜 개미는 미래 도시 계획을 설계하며
숲 주식회사의 최대 주주를 꿈꾸고 있는지 모른다
부엌을 기웃거리던 개미가
갓 차려진 식탁 위로 방향을 틀기 시작한다
좌 아 악……
순식간에 도착한 개미의 전대

그새 나는 페르몬 발자국을 많이도 찍어 놓았다

오렌지나무를 오르다

뿌리 앞에 서면 들린다 물관 깊이 물 흐르는 소리, 나무 위를 오르는 치어 떼들의 아가미 여닫는 소리, 설익은 비린내가 가지 끝에서 대롱인다 나는 잠속에 빠져 있는 등본을 깨워 주소를 받아낸다 산 1리 2번지여 안녕? 대추나무 가지가 담벼락에 팔을 뻗고, 마당에선 백일홍이 쿨렁인다 옷자락 비비는 소리가 문지방을 넘어, 더럭 신발을 들춘다 한 무더기의 별들이 진분홍 빛 잇몸을 드러낸다 창을 열어 젖멍울을 익히던 소녀, 거취불명 같은 사춘기의 문을 빠져 나와 창을 두드리면 카나리아가 노래를 흘리고, 바게트 빵 굽는 냄새가 난다 변성의 소리를 가진 짝사랑의 남자와 동거하던 일기장, 주홍빛 알전구가 속살 붉힌다 치어 떼를 품은 껍질은 단단하다 입 안 가득 넣으면 톡톡 단물 터뜨리는 푸르른 날들

오렌지나무를 오르면 나는 백 촉의 오렌지로 불 켜진다

달과 6펜스

책상에 깔린 달빛, 집어등처럼 펼쳐놓고 꿈의 빗장을 여네. 내 영혼 일부가 은신하는 세상 밖 신전, 낮 동안 잠들었던 뜰이 달빛 옷을 입기 시작하네. 백지 위에 한 글자씩 펜으로 싹을 틔울 때, 지우개로 지워진 절망만큼 다시 살아날 것을 믿었네. 꾸미지 않아도 낯선 세상과 만난 듯 설레는 가슴.

가끔 잠든 마을을 거닐며 풍선처럼 푸른 고요를 바라보곤 하네. 은빛 옷을 입고 코골이하는 마을의 숨소리에 귀를 기울이네. 잠이 깊어질수록 하얗게 커지는 달의 동공, 개 짖는 소리 백지 위에서 어지럽게 뛰어다녀도, 동굴처럼 깊은 밤, 꿈을 조리질하는 작업은 행복하네. 무거운 눈꺼풀에 짓눌리는 불면 사이, 뜰 안의 화초들은 싱싱한 꿈에 부푸네.

그러다가 듣게 되는 것이네. 어디선가 짤랑거리는 6펜스, 달빛을 밀어내는 아이의 숨소리…… 다음 행을 고민하던 나는 어느새 나를 떠나는 달빛을 보게 되네. 떠날 때도 말없이 사라지는 달, 구겨진 작업복을 걸치고, 서둘러 달을 빠져 나오네. 6펜스가 반짝이는 공장, 자동차 부품에 나사를 끼워 맞추는 나, 세상은 어느새 태양 앞에서 분주하게 돌아가네. 촉촉한 밤이슬에 젖은 페이지, 다듬다 만 글자들을 달빛에 꼭꼭 접어 넣네.

* 달과 6펜스 : 영국 작가 서머셋 몸의 소설

동그라미 가족

달력을 넘기다 본다. 빨강 유성 펜 몸에 두르고, 세상과 만날 날 기다리는 숫자들, 아직 오지 않은 시간 그 앞에 서서 똑, 똑, 문을 두드린다. 달콤한 케이크 위에서 살아온 날만큼 빛으로 태워지는 촛불, 고깔모자 속 내 얼굴에 환한 불빛이 번져 있다.

차디찬 1월이 촛농처럼 녹아내리고, 그곳에서 칠 일의 잠을 빠져나오면 그이가 보인다. 새벽이면, 물에 만 밥을 넘기듯 서둘러 집을 나서는 남자, 얽히고설킨 날들 웃음으로 덧칠하며 제자리를 지켜낸다. 하나 둘 모습을 데생하는 실주름 사이, 갓 넘은 불혹의 등에 파스 빛 동그라미를 그려준다. 그 등의 안쪽으로 걸어가면 3월이 보인다. 힘찬 신생의 울음소리를 처음 내게 들려주었던 사내아이, 손가락으로 자신의 동그라미를 가리키며, 터질 듯 부풀어 오른다. 갖고 싶은 것들이 입 안 가득 쏟아져 나오고, 그 길의 끝자락, 한 페이지 넘기면 4월이 보인다. 겨울이 떠난 자리, 얼음 다 녹은 땅 위에 보리 익는 냄새 진동한다. 연둣빛 새순을 몰고 온 일곱 살배기 딸아이, 만개한 봄 오물거리며 동그라미를 빠져나온다.

세상의 쓴 맛이 제거된 생크림 케이크
함박웃음 짓고 있는 일가족이
색색의 촛불로 반짝거린다.

구관조

큰 산 하나가 있다 그는 기다림의 달인이다 몸이 시우쇠처럼 무거울 때 그를 찾는다 어린아이마냥 입을 크게 벌리고 끝말잇기 놀이를 한다 내 고인 말들이 바닥을 보일 때까지 그는 마르지 않는 샘, 푸른 옷으로 갈아입는 내 안의 말들, 그를 만나기 위해선 몇 개의 언덕을 넘어야 한다 딱따구리의 노래와 만나곤 하는 참나무 숲, 뿔 세운 낙엽송 아래를 지나 신발이 흙 두꺼비를 닮을 때쯤, 우렁우렁 마중 나온 그와 만난다

나를 흡혈하던 유물론은 잠시, 안녕

고갯마루에 올라 입을 연다 콘크리트를 입었던 말들이 우르르 달려 나온다 해소 기침이 끊이지 않던 생의 가건물들, 나무가 된다 숲이 된다

은빛 메아리로 불 켜진 산
퍼드덕, 내 안에 살고 있는 구관조
싱싱한 말들이 날아오른다

버섯 마을

송림산 기슭에 가면 버섯 마을이 있어요 산의 정기로 지어진 집, 문패가 다른 집들이 뿌리를 내리고 살지요 그곳에 서 있다 보면 버섯의 모양도 사람의 집과 별반 다르지 않음을 알 수 있어요 대쪽 같은 선비가 사는 송이버섯 앞에 서면 솔잎 같은 성정에 정수리를 찔리기도 하지만 사자소학, 가,나,다,라를 읊는 목소리가 동구 밖까지 조잘조잘 들려요 그러다가도 메밀잣밤나무가 족보인 표고버섯 앞에 서면, 마음은 빈 속을 들여다보게 돼요 숟가락을 든 허기가 연신 달그락거려요 나를 위해 밥을 짓던 모성의 따스한 숨결 앞에, 한참을 머무르게 돼요 그렇다고 해서 아무 문이나 두드리지 마세요 수십 마리의 독거미가 기거하는 마취버섯이 그물버섯을 던질 수 있어요 그들의 모습은 양귀비처럼 고와서 일단 덫에 걸리면 쉽게 빠져 나오지 못해요 온몸에 독이 퍼진 맨몸뚱이가 되어서야 자신의 어리석음을 깨닫곤 하지요 물론 팔팔 끓인 물에 은수저를 담가보기도 하겠지만, 은수저도 독을 다 감별해내지는 못하거든요

버섯 마을에 가면 겉모습이 화려한 집을 조심하세요
자유로운 포자가 되어 훨훨 날아 보세요

진달래 화전을 기억하다

앞산이 뜨겁게 달아오른다.
꽃봉오리마다 불씨가 들어 있었던 모양이다.
성냥을 확 그은 듯 꽃망울이 탁탁 터진다.
나는 상비약처럼 보관하고 있던
녹빛 프라이팬을 꺼낸다.
기꺼이 화로가 될 수 있을 거 같다.
진달래와 나 사이에 흐르는 기름
우리는 끈적끈적했던 날들을 프라이팬에 붓는다.
지지지직, 지지지직
산 하나, 마을 하나가 향기 주머니를 푼다.
꽃술마다 점점이 박혀있는 흑점 같은 기억들
앞으로 철썩
뒤로 처얼썩
뒤집기를 반복한다.
내가, 산이, 작은 동네가
퍼져 나오는 향기에 노릇하게 익어간다.
반죽 위로 편편하게 꽃잎을 띄운다.
곧 구순기의 몸을 더듬거릴 진달래 화전
딱! 이만큼만 하겠다.
기억이 너무 뜨거워졌다.

명자꽃 피는 밤

밤 골목을 걷는데
뒷집 홀아비가 살고 있는 담벼락 아래서
명자나무가 꽃잎 펼치는 소리 들린다
며칠 밤이 지나면 켜켜이 꽃잎 쌓아놓고
홀아비의 가문 마음 한 잎 한 잎
받아 적을 속 붉은 명자꽃
불을 보듯 빤하다
길 다방 미스 리 년
보따리 싸가지고 홀아비 방에 털썩 주저앉아
분내 풀풀 날리며 며칠 살 비벼 대던 년
홀아비 읍내 나간 사이 장판 밑에 숨겨 놓은
피 같은 돈 이백만 원 갖고 튀었다 한다
명자꽃, 홀아비 욕설 다 받아 적으려면
한 해가 저물도록 꽃잎 피워 올려도
밤이 모자라겠다

마지막 재회

남춘천 다리 위, 잠깐의 목례와 짧은 안부가 오갔네. 십구 년 전 눈자위에서 건기로 말라 버린 그, 흔한 이웃 아저씨의 눈가 주름, 벗겨진 이마가 낯설게 다가오네. 눈앞에 서 있는 모습 잠시 되돌려보네, 흰 티셔츠를 입은 청년 하나가 아카시아 나뭇길을 걸어가네, 갓 돋아난 새싹처럼 챠밍 샴푸 냄새 콧등을 스치네 멀리서 청춘의 일부를 뜨겁게 달구었던 짝사랑이란 것, 고교 졸업 후 대학 진학을 위해 타지로 떠난 그, 아카시아 나뭇길에서 점으로 사라지던 마지막 모습, 가슴에 통증으로 새겨졌네.

그는 여전히 발그레해진 뺨의 출처를 모르네, 나는 단지 윗동네 살던 얌전한 여학생일 뿐이네 다행이었네 그의 뒷모습이 슬프지 않다는 것에 안심하네 사는 곳 묻지 않고 각자의 길로 발길을 돌렸네 어느 날 길 위에서 우연히 만날 수 있을까 비좁은 통학버스, 옷깃 한 번 스칠 때마다 쿵쿵거리던 심장이란 것, 그 시린 감옥 문을 빠져 나오네

청춘이란 향료 안에 갇혔던 한 사람, 크리스마스 성가를 위해 다리를 건너던 나, 헨델의 메시아를 읊조리며 할.렐.루.야. 그를 하류로 흘려보내네.

도배하는 법

시간에 더럽혀진 벽지를 벗겨
새 벽지를 발라줘요(아님 입혀 주세요)
잘 떨어지지 않는 벽지는
들꽃 향료를 뿌려 붉은 눈시울로 불린 후
손으로 직접
세심한 마음으로 최대한 가깝게
떨어지지 않는 이유와 고집을 풀어줘요
끈기와 인내로 계속하다 보면
깜깜하기만 했던 낡은 벽지는
힘껏 망설임을 부풀리다 다 떨어져요
그러나 그건 시작일 뿐이에요
벽지 속에 돌같이 단단한 시멘트가
응어리진 종양 덩어리를 품고 있을 거예요
왜 벽이 단단한 줄 아세요?
바로 우리가 아픈 마음을
고약 발라주듯 다독여 주지 못했기 때문이에요
애정이란 빗자루로 아픈 흔적들 깨끗이 쓸어내고
하얀 손수건으로 반질반질 윤기 흐릴 때까지
곪은 상처들을 닦아 주세요
그럼 벽도 이내 가슴을 환하게 열고

자신보다 더 큰 흙덩어리였던 당신을 받아줄 거예요
함께 팔짱 끼고 벽지 가게를 돌아다니며
포인트 벽지다 뭐다 요즘 유행하는 최신 문양의 벽지를
자신의 몸에 입혀 달라고 말할 거예요
벽지가 낡았다고
저 벽은 회생할 수 없다고
미리 속단하지 마세요
왜 벽이 될 수밖에 없었을까
왜 얼룩이 푸르게 번질 수밖에 없었을까
그대 곰곰이 생각해 보세요

스마일 증후군

하루를 시작하기 전
밀폐시킨 나를 암송하듯 읊조린다.
다시 돌아올 때까지 안녕
현관문 사이로 짧은 인사 하나 던져준다.
마트 매장에 들어서기 전
차곡차곡 벗긴 나를 확인한다.
오목하게 파놓은 초승달 안으로 들어가
어떤 표정이 기쁨을 부르는지
입술이 얼얼해지도록 웃음을 만들어본다.
때론 험한 가시에 찔릴 때가 있다.
온몸이 통증에 괴로워해도
구십도 각도로 구부린 허리로 막아내야 한다.
혹여 어둠이 목구멍을 넘어 오기라도 하면
벌처럼 쏘아대는 김 과장의 훈계를
조아린 머리로 맛있게 받아먹어야 하는 일이 생길지도 모른다.
손님께서 주신 모욕과 퉁명스러운 말씀도
꽃 장식 붙인 선물 상자처럼
정성스럽고 예쁘게 꾸며서 되돌려주는 주는 것
그 길만이 내가 살 길이다.
포장을 하며 잠시 세상의 일면을 엿보고

미래를 대응하는 법을 배운다.
내가 견딘 만큼 연애하던 어둠도 이겨낼 수 있다는 걸
나를 내동댕이치던 바닥에게 배웠다.
풍선처럼 부푸는 웃음병에 걸린 나로 인해
노모와 아이의 겨울이 따뜻할 수 있다면
나를 방황시키던 불치병 하나를
오래도록 사랑할 수 있을 거 같다.
퇴근하는 밤, 어둠이 내 몸을 묶기 시작하면
웃음 한 움큼 보약처럼 먹여준다.

허수아비가 있는 풍경

찬바람 맞은 들녘, 이별이 허수아비를 향해 손을 흔든다 툴툴거리는 경운기를 탄 벼가 서둘러 방앗간으로 떠난다 빈 배 채울 일에 골몰하던 새들도 따뜻한 코코넛의 나라로 머리를 돌린다 찢어진 옷과 단 둘이 남은 허수아비, 시린 갈빗대 하나 연다 올챙이들의 숨소리가 개굴개굴 울음주머니를 빚던 논 웅덩이, 연둣빛 이삭을 낳자마자 젖가슴을 열어젖히던 난산의 문들

발등에서 낙엽들이 잠을 뒤척인다 다람쥐가 파놓았던 작은 구멍이 물음표를 내보낸다 태풍으로 한동안 출혈이 낭자했던 들, 밤새 지혈에 고민하던 들의 고뇌를 허수아비는 기억한다 머리 숙여 귀를 흙에 대보면 땅속 어딘가에서 곤한 숨소리가 들릴 거 같다

단벌옷을 바람에게 내어주며 눈 비비는 허수아비, 개구리가 사라진 입구에서 길 하나를 발견한다 새만을 쫓던 자신의 몸을 눕히고 있는 저문 들녘 하나를 본다.

2부

분꽃 씨앗

집 앞 화단, 까만 분꽃 씨앗 보인다. 어디든 뛰어내릴 듯한 기세, 바늘에 콕 찔려도 꿈쩍하지 않을 거 같다. 그 모습, 어린 시절 남동생 안하무인으로 지켜주던 사타구니 속, 거시기 두 쪽 같다. 남녀 이란성 쌍둥이로 태어나, 그 잘난 두 쪽 때문에 빼앗긴 게 많다. 동생 머리통 하나만큼 키가 컸던 것도 죄, 아침마다 갓 삶은 계란 한 개가 동생 입으로 들어갔다. 생선이라도 굽는 날이면 몸통은 언제나 동생 몫이었다. 젓가락으로 고등어 대가리를 뒤지며, 두 쪽 없는 내 몸 무척 원망했다. 난 누가 뭐라고 해도 5분 먼저 세상에 나온 누나였다. 그런데 그 녀석 다른 거 다 제쳐두자고 하자. 엄마 젖 뺏기고, 분유와 미음으로 아기 시절을 끝마쳤던 내게, 아직도 누님이라고 안 한다. 야, 너란 호칭으로 속을 뒤집어 놓는다.

나를 그렇게 만든 것은 바로 저것!

분꽃 씨 두 알, 엄지와 검지 사이 꼭 끼운다. 이리 비틀 저리 비틀 힘껏 비벼댄다.

동생 눈물 쏙쏙 빠진다.

꽃의 전갈

이른 아침, 빛줄기 하나가
창 틈 사이로 전단지 한 장을 보내왔다
뒷집 뒤란 빨랫줄에 걸려 있던
열여섯 먹은 미자 분홍색 브래지어를 닮았다
지면 가득 무료 개업을 시작했다는
마을 복덕방에 대해 쓰여 있다
눈꺼풀에 붙은 잠을 뚝뚝 떼어내며 걷고 있는데
나비 떼들이 골목 구석구석 쌓여 있는
묵은 먼지를 털어내고 있다
태풍으로 작년 벼농사를 망쳤다며 가계부 구석에
채무 고지서처럼 쭈그리고 앉아 있던 태수 아버지
치매 걸린 시어미 수발에 볕 뜰 날 없이
헝클어진 머리 손빗으로 빗어 올리는 영희 엄니
저마다 일렬로 나란히 서서
계약서에 적어야 할 내용에 대하여 생각한다
한참을 고심하다 서툰 마음 일으켜 세워
또박또박 소망을 적어가는 사람들
복덕방 주인들은 표정 하나 일그러뜨리지 않고
환한 웃음 풀. 풀. 풀 날려준다
세든 집의 벽마다 꽃잎 벽지의 숨구멍이 심어지고

고주파의 향기가 전구 스위치처럼 내장된다
조금만 더 기다리면 지천 가득
무료 복덕방이 성대하게 차려질 것이라는
꽃의 전갈이 왔다 한다

호미

밭에 뿌리를 잘못 내린 풀은 뽑아야 한다며
최 씨 할머니 호미의 날을 바짝 세운다
강낭콩 밭에 찾아온 자잘한 풀
불청객들을 깡그리 뽑아버린다
나이 아홉에 시집이란 것을 갔는데
시어머니 매운 시집살이에
한시도 호미를 놓아본 적 없었다는 최 씨 할머니
죽지 못해 살다가 문득 콩밭을 보니
고랑에 뿌리 뽑힌 채 널브러져 있는 풀이
자신의 신세와 무관하지 않더라
두 살 위인 신랑과 고무줄놀이를 하다가
시어머니한테 호미자루로 된통 얻어맞았다는 머리
입이 간지러울 때마다 수세미 같은 머리카락 들춰내며
커다랗게 박혀있는 혹 하나 보여준다
에이 씨 푸랄 호미!
별안간 호미가 내던져진다
술 퍼먹고 동사했다는 남편이
마른 오징어 다리처럼 질겅질겅 씹힌다
딸만 내리 다섯을 낳다가 끄트막에 낳은 아들이
서울 집에 올라가 편히 사시자고 했다는데

최 씨 할머니, 아들 집에 잡초 들이는 것만 같아
손사래 쳤다 한다
애초에 잡초는 서러운 거라 일찍 죽는 게 좋은 팔자여
벌겋게 눈시울 붉힌다

돼지

밥 내놓으라며
새벽마다 내 잠을 들쑤시는 돼지
사료 포대를 끌고 돼지우리로 가면
독 오른 돼지의 눈이 송곳처럼 나를 찌른다
참지 못한 돼지의 식욕에
밤새 수난을 당한 상수리나무 우리
껍질 밖으로 드러난 흰 뼈가 나를 보고 있는 거 같다
무거운 비곗살을 매달고도
허겁지겁 먹이를 먹어 치우는 돼지
목이 마를 때면 한 번쯤
물통에 비친 제 얼굴도 쳐다봄직한데
벌컥벌컥 물만 마셔댄다

돼지의 눈엔 세상이 다 밥으로 보이는가 보다
보이는 것마다 질겅질겅 씹어대도 성에 차지 않는 돼지
돼지는 비곗살에 몇 개의 통장을 숨겨 놓았는지도 모른다
그 통장이 우리 집의 밥으로 인출되고 동생 대학 등록금과
밥상의 메뉴를 바꿔놓기도 한다
돼지도 제 통장이 많을수록 추위로부터 오래 견딜 수 있고
굶어도 생존할 수 있다는 것을 잘 알기 때문일까

통장이 미어지도록 더 많은 밥을 탐한다

돼지를 닮은 자들을 만나곤 한다
상수리나무로 만든 우리가 없는 곳에서
날카로운 눈이 내게 꽂혀 움직이지 않는다
그의 미래를 위해 한순간의 행복을 보장하기 위해
돈豚이 되어 돈錢 앞에 나란히 선 내게로 달려든다

새벽이 되면 살찐 돼지 울음소리에 맞춰
곤한 몸 일으켜 세운다

의수義手

빠르게 돌아가던 경운기 고무 페달이
아랫마을에 사는 삼용 아비의 왼팔을 먹어버렸다
피 묻은 정오부터 시작한 울음소리가
한동안 문 칸 방에서 강물처럼 흘러나왔다
정월 대보름날 동네 아이들과 쥐불놀이를 하다가
개울가에 장승처럼 서 있는 삼용 아비를 보았다
허공에 깡통을 빙글빙글 돌리면 불붙은 관솔이
파닥파닥 어린 새의 첫 날갯짓처럼
불꽃을 어둠에 뿌려주는 밤
삼삼오오 모여든 마을 사람들 틈에서
삼용 아비도 한동안 보름달에서 눈을 떼지 않았다
며칠 후 삼용이네 집 앞을 지나다가
긴 와이셔츠 한 장을 가득 채운 팔 하나를 보았다
동맥도 정맥도 끊겨 버린 빈자리에
다섯 개의 낯선 쇠꼬챙이가 인공 팔 끝에 박혀 있었다
강물을 흘려보내던 울음소리가 멈추고
가을걷이가 한창인 논
짚더미를 낫으로 팍팍 찍어 경운기에 싣고 있는 삼용 아비와
부지런히 오른손과 박자를 맞추고 있는 의수를 보았다
그렇게 의수는 내 앞에서 흘러갔다

그리고 어느 날
대장암으로 죽었다는 삼용 아비의 소식을 들었다
폐가처럼 낡은 삼용 아비의 주황색 슬레이트 집 앞
나는 말없이 삼용 아비가 흘려보내던 강물 속에서
삼용 아비가 몸의 일부로 받아들였던 의수를 생각했다

그릇

내 몸의 돌기는 그를 비우면서 시작되었네
어머니의 가슴 한 자락이 걷히면
가장 평화로운 지상의 양식을 입에 넣을 수 있었네
대가 없이 입 안에 넣어지던 것들
그 가슴 떠난 후 그릇이란 것과 대면해야 했네
밭을 떠나 밥상이란 평평한 상에
양념이란 옷을 입고 오르던 푸성귀
늘 나의 투정을 받을 각오를 해야 했네
열아홉 되던 해 산골로 시집와서
평생 논과 밭에서 그릇 채울 일에
고심하며 사셨던 어머니
어머니가 몸 헐리며 채워 넣었던 그릇은
늘 변함없는 메뉴를 자랑했네
가끔은 음식을 받아먹지 못한 위장이
꾸룩꾸룩 곤궁한 뻐꾸기 울음소리를 내곤 했네
나 이제 그릇이란 것 혼자 채우며 살고 있네
내가 받아먹었던 일용한 양식들이
피 같은 밥이었다는 것을 알게 되네
채우면 비워지는 오목한 그릇
그는 나보다 식욕이 왕성하네

점점 더 푸성귀 밭에 뼈를 묻으려 하시는 어머니
변변한 그릇 한 번 채워 드리지 못했네

대화

부모님과 찾은 월곶 어시장
가게 안 둥근 상 위에 주문한 대합이 올려진다
밖과 단절한 채 문을 걸어 잠근 대합
단단한 갑각 안에는 대합이 견뎌왔던
매운 팬터마임의 시간이 정박해 있다
전쟁 때 중이염을 앓아
평생 귀문을 열지 못했던 어머니
군청색 슬레이트 지붕 아래는
남보다 더 큰 몸짓과 목소리가
집안 곳곳 확성기처럼 울려대곤 했다
들썩거리는 지붕 아래로
용수철처럼 튕겨나가던 자음과 모음
"여기, 대……하……아……더 주세요."
어머니의 추가 주문이 있던 순간
206개의 허리 굽은 뼈가 대하처럼 팔딱거린다
대합과 대하 사이를 벌려 놓은
어머니의 틀니 같은 'ㅂ'이란 자음
빠진 'ㅂ'은 삼십 중반이 넘어 가는 나와 아버지를
느슨하게 풀어 놓았다
나도, 아버지도 생의 오발탄 같은 'ㅂ'을

애써 어머니에게 찾아드리려 하지 않는다
오랜 시간 한 성격 하셨던 아버지도
문을 열 수 있는 방법이
한 길만이 아니라는 것을 터득하셨나 보다
화덕 위에는 발갛게 달아오른 '대하' 가
말없이 모음 'ㅗ' 를 받아들이며 익어간다

달팽이관

하숙집 안채가 술렁거린다
도둑고양이의 울음소리만 가끔
방 안을 기웃거릴 뿐
거리의 소음들도 십자로에 누운 밤
얼른 자, 이 영감탱이야
그 만 찝 쩍 거 리 고 오
할머니가 낮은 목소리로 문틈을 단속한다
낄낄 고샅 고목의 저력을 유감없이
발휘하고자 하는 할아버지
밤이 후끈 달아올랐다

풋내 나는 이십대 초반 독학의 밤
졸음을 밀어내며 묵독하던 이생규장전 대신
한 폭의 춘화가 불꽃처럼 내걸린다
호롱불 켜고
내이의 은밀한 방이 화끈거리며
소리들을 접수한다
지는 꽃은 욕망도 없을 거라고
함부로 했던 생각들
젊음에 대한 특권의식은 아니었는지

딸깍, 스위치 내리는 소리가
달팽이관을 뚫는 열락의 밤

보쌈

마대자루를 들고 가자
철 대문 굳게 닫힌 집
그 앞 지날 때마다
주인인 양 기세등등한 저놈
작은 발소리 하나에도 으르릉~
높은 담장 밖 나를 섬뜩한 송곳니로 덮친다
삼십육계 줄행랑치다 무르팍이 깨지면서도
단숨에 먹힐 것 같은 공포에 떤다
겨우 용기를 내 씩씩거리며 발길질을 해보지만
눈썹 하나 까딱 않는
빌어먹을 개!
보쌈하러 가는 거다
두꺼운 비곗살에
송곳니 들어가 잠시 조는 틈을 타
저 괘씸함을 자루에 잡아넣는 거다
그간 철옹성 같은 집
대문 밖까지 저승사자처럼 휘두르며
암팡지게 나를 물어뜯던 놈
귀하신 몸 개의 고성을 피해
줄행랑치게 만든 모독죄

결코 가볍지 않으렷다
밤새 동네방네 초인종 눌러
피해자들을 불러 모으자
널찍한 공원 복판에 던져놓고
경매 붙여야겠다

사랑초

연립주택 4층이 내 집이에요.
다행히도 남향이죠.
서른의 그를 만난 건 길거리 꽃집에서예요.
내게 한 눈에 반한 그는 곧장 청혼을 했어요.
나도 그의 눈빛이 좋았어요.
나를 안고 걸으며 그는
세속의 때가 묻지 않아 좋다고 했어요.
날이 밝으면 나는 그이 먼저 눈을 떠요.
늦잠에서 빠져나오지 못하는 휴일이면
더 환하게 웃으며 기척 소리를 기다렸어요.
그가 기지개를 켜며 맛난 식사를 하거나
가끔 사랑의 인사로 마음을 다듬을 때가 참 좋아요.
나의 식사 시간은 대중없어요.
식성이 까다로운 건 아니라서
한평생 물만 먹어도 그럭저럭 살 수 있어요.
그가 주는 물을 마시며 나를 확인하고
가끔 영양제를 받아먹으면 온몸에 기운이 돌지요.
그이가 너무 오래 나를 잊어버린다면
나도 내 운명을 장담하지 못해요.
사막의 모래알처럼 작아진 육신과 함께

몸이 흘린 눈물만큼 영혼도 말라버리죠.
나는 변함없이 그 집에서 살 수 있지만
그이의 사랑을 받지 못하면
이내 초라한 잡초가 됩니다.
혹여 낮이 되어도 내 꽃잎이 웃지 않는다면
나에 대한 기억을 고이 묻어 주세요.

귀촉도歸蜀道

창틈 새로 들어온 노랫소리에 눈꺼풀을 덮던 잠이 물러가네. 고치 속 번데기처럼 몸을 말고 꿈으로 가는 열차표를 끊던 나, 소. 오. 쩍 소. 오. 쩍. 물기 묻은 소쩍새의 노래에 열차표를 반환하네. 산과 고층 건물 사이엔 베를린 장벽보다 높은 벽이 뿌리를 키우고 있는가 보네. 나는 뿌리와 줄기가 분리된 한 그루 모과나무였네. 건물 철근처럼 박혀 모과 향 나는 창을 열고 소쩍새의 노래를 듣고 있네. 열매는 자신을 그리워하는 뿌리의 마음을 알고 있는 것 같네. 한없이 지하로 스며들어 모과 향기를 뿌려주네. 어쩜 나무는 향기로 배를 채우며 뿌리를 키우는 그런 생을 사는 건 아닐까. 가지 위에 열매처럼 매달린 앞마당이 쑥 불 향을 피워 올리고, 소쩍새는 리허설 없는 생음악을 뿌리 가득 풀어놓네. 갓 삶은 찰옥수수 같은 노래 가락

우리, 노래의 길 오가면서 언젠가 흙길 어딘가에서 마주칠지도 모를 일, 새벽이 눈을 깜빡거리며 열차표를 흔드네.

달력에게 먹히다

달력이 입을 벌리고 있다 그 입은 보이지 않는 입 악어 입보다 교묘해서 피 한 방울 흘리지 않고 먹힌다 언젠가 증조할머니는 달력 속에서 실종되었다 아스라한 솜털구름처럼 보일 듯 말 듯한 할머니 얼굴 아버지는 실종된 할머니를 찾으러 앰뷸런스를 불렀다 응급실에 누운 할머니 결국 달력이 파놓은 구덩이 속에서 빠져 나오지 못했다 상여꾼들이 산으로 올라가고 할머니의 생일날엔 해마다 빨간 동그라미가 쳐졌다 실종된 할머니를 기억하며 눈물 흘리던 아버지 그 모습조차도 달력은 먹어치웠다 그 길로 돌아가려면 기억이란 바퀴를 한참 동안 돌려야 한다 안개를 수레에 감아 돌리면서 곤충의 더듬이처럼 허공을 더듬는다 똬리를 틀고 있던 달력의 정체가 흐릿하게 보이면 바퀴를 세우고 이미 파묻힌 달력의 무덤을 판다 그곳에서 아버지와 재회하면 아버지의 굽은 허리도 펴지고 나는 어린 나를 찾을 수 있다

굴러가는 바퀴를 멈추고 한 번쯤은 뒤돌아보게 되는 날들
그곳엔 입을 다물지 않은 달력이 산다

학 알

어항 속 학 알은
잠 속에 들어가 있다.
파란색 셀로판지로 접은 담요를 덮고
내 눈빛이 재단해주는 화로 빛 잠옷을 입는다.
그러다가 살짝 시간의 두께를 걷어 올리면
피라미드 속 모래언덕을 날기 시작한다.
이국땅에서 고독의 염전 밭을 서성일 때
1년에 한 번씩 지붕 낮은 집으로 이사할 때
학 알은 어항 속에서 덜컹거리는 길을 견디며
내 젊은 날의 청색 트럭을 함께 타고 다녔다.
그리운 것들은 늘 어둠의 안쪽을 서성거리다
이별 의식도 나누지 못한 채 실종되었다.
겨울이면 더 아득해지고 깊어지는 날들
한때의 꿈과 벗어나고 싶었던 것들이
온도를 알 수 없는 흔들의자에 앉아
살구나무 빛 꽃비로 뿌려진다.
학 알은 소녀가 떠난 후 다시 태어나지 못했다.
낡은 지문이 간간이 벗겨져 있는 학 알의 몸
창밖에서는 첫 눈이 잊었던 기억들을 불러들이고
나는 낡은 시간을 학 알에게 맞춰본다.

굽은 손가락으로 학 알을 접어 넣던
어항의 입구가 덜컹거린다.

서울 구경

태평양보다 더 멀게 느껴진 곳이 서울이다. 까마귀 탈을 뒤집어 쓴 내가 깡촌의 한 마을을 헤집고 다닌다. 간혹, 뽀글이 파마를 하고, 짧은 미니스커트를 입은 서울깍쟁이들이 혜성처럼 골목길을 떠다닌다. 후리지아 향수 냄새가, 전봇대 뒤에 숨은 내 코를 무단 점령한다. 그럴 때 내가 했던 일은 누렇게 바랜 런닝구로 새까만 얼굴을 닦아내는 일이었다. 초등시절 자신의 도시락으로 꾸륵거리던 내 배를 채워주던 옆집 미옥이 언니, 딱딱 어금니에서 요란하게 껌 소리를 내던 미옥이 언니를 서울이 잠시 보내주었을 때, 백설공주처럼 뽀얗게 변해버린 얼굴이, 내겐 신기루 같았다.

떼쟁이 나는 큰오빠 앞에 오뚝이처럼 서 있다. 정수리 가득 힘을 꼭 쥔다. 설렘과 긴장으로 팔딱거리는 심장, 그 앞에 큰오빠의 커다란 손바닥이 가오리연처럼 나타난다. 작별 인사도 필요 없는 시간, 내 몸은 역무원에게 차표를 내밀고, 힘줄 튀어나온 팔뚝에 들려진다. 대롱대롱……대롱이 벌레로 다시 태어난 나, 눈 깜짝할 사이에 눈앞에는 서울이 펼쳐진다. 휘황찬란한 네온사인, 알록달록한 멋쟁이들로 가득 찬 거리, 그 속에는 양 손을 흔들어대는 미옥이 언니가 서 있다.

보이니? 보이니?

연신 상경을 확인하던 큰오빠

잔뜩 치켜진 내 눈은 씨방 터트린 봉숭아꽃을 외면한다. 낯선 서울로의 진입을 방해하는 앞마당을 밀어낸다. 짧은 시간, 누런 이 드러내고 씨익씨익 웃노라면

힘 빠진 큰오빠 팔뚝이 나를 놓치려 하고 있다.

끝내 손에 쥐고 싶지 않았던 하행선 열차표

갓 잡힌 물고기처럼 숨을 헐떡거리며 서울에서 멀어진 나

다시 검게 탄 아이가 앞마당에 서 있다.

초등학교만 졸업하고

서울로 간 미옥이 언니가 소식 끊긴 지 서른 해

온갖 만상으로 가득 찬 서울 거리에서

나는 또다시 서울구경이 하고 싶어진다.

벙어리 옥순이

이른 아침
신발에 걷어차인 대문의 비명소리 요란하다.
충격으로 입을 다물지 못한 문틈 사이
옆집 춘자 아줌마의 삿대질이
독 오른 뱀 대가리처럼 앞마당을 휘젓는다.
부리나케 잠자리를 털고 일어나는 마을의 귀들
덜 깬 잠을 양손으로 비벼대며 창문 앞에 모여들기 시작한다.

서랍에서 사라졌다는 닷 돈의 금반지 앞에서
흉기보다 무서운 이웃으로 변해 있는 춘자 아줌마
넙치처럼 납작 엎드린 옥순이의 실토만을 기다린다.
입이 결백을 주장할 수 있는 건 오로지 어.버.버.버
빠른 속도로 책갈피를 넘기듯
고개를 좌우로 흔들어 대는 몸뚱이뿐이다.

흰자위 가득 실핏줄이 쳐져 있는 춘자 아줌마
미리 작성한 옥순이의 이력을
퉤, 퉤, 침 발린 손가락으로 한 장 한 장 넘기기 시작한다.
얼마 전 마루에서 잃어버렸다는 말자네 지갑이며
반달 슈퍼에서 옥순이 가고 난 후 사라졌다는

참기름 한 병……
잃어버린 물건이 하나씩 늘어날 때마다
옥순이 울음소리도 커지고
그때만큼은 창들이 귀를 꼭꼭 닫아버린다.

다음날이면 귀가 닿지 않던 집으로도
뻥뻥 튀겨진 옥순이가 속달로 배달될 터
옥순이가 사라진 마을
다시 털린 마을의 서랍 앞에선
바글바글 모인 입들이 또 다른 옥순이를 만들어낸다.

기아바이*

바삐 열어젖힌 문 사이
박스를 실은 수레가 사내에게 끌려 들어온다.
반쯤 감긴 눈으로 사내와 박스를 훑어보다
이내 제자리로 돌아가는 얼굴들
애써 목청을 키우며
시선을 중앙으로 모으려 하는 사내의 몸짓이 분주하다.
가늘고 긴 플라스틱 바늘에 단단히 물린 미끼
하수구 구멍의 머리카락은 한 방에 해결된다며
눈과 귀를 막은 물고기를 향해 낚시 바늘을 던진다.
백화점도 드나들었다며 전적을 떡밥으로 덧칠하고
공인기관에서 인증받은 것이라는 것도 잊지 않고 말한다.
하루에도 수십 번 잡히지 않은 물고기를 생각하며
월척을 꿈꾸는 남자
연신 곁눈질하며 입질하는 물고기를 찾는다.
꼭 감긴 눈, 옆으로 돌아간 고개, 깨진 유리창 같은 표정에
수없이 절망에 빠지기도 하지만
이미 이골이 날대로 적응되어 있다.
처음 그 자리에 섰을 때의 용기로 꿋꿋이 살아간다면
세상에 두려울 게 무에 있으랴
짧은 시간이 지나면 자리를 비워줘야 한다.

마지막으로 실내 한 바퀴 빠르게 돌며
물고기가 물고 있는 희망을 거둬들인다.
드문드문 손에 쥐어지는 지전에게 절하며
서둘러 문을 빠져나가는 그
배웅하던 침묵이 하품을 한다.

*지하철 행상을 일컫는 은어

산 노루

산안개가 진회색 숲을 펼쳐 놓으면
물기 묻은 노루의 눈이 보인다
착한 눈망울을 가린 스모그
안개인가, 찬 이슬인가
여름에도 만년설처럼 눈 내리는 산
따뜻한 체온들은 모두 어디로 가버린 걸까
드르륵 드르륵
산의 옆구리에 억센 날이 들어가면
거침없이 단물 빠진 흙을 뱉어 버리는
불도저의 잇몸이 반질반질하다
속옷이 벗겨진 채 물구나무 선 나무뿌리
들리는 말로는 러브호텔이 지어질 거라 하는데
일회성 용광로 같은 밀회에 눌려
보금자리를 내어 줄 수밖에 없었던 것일까
나와 노루의 놀이터이기도 했던 이곳
해 뜨기도 전에 밭일 나간 부모를 대신 해준 노루와 함께
하루해를 다 써 버리곤 했다
어린 내 앞에서 풀잎으로만 배를 채우던 채식주의자
잠시 귀를 방문한 이명의 숨소리에 끌렸던 걸까
웃음소리를 양 손 가득 꺼내보이던 노루가

조각난 기억을 틀어막으며 숲으로 간다
미래의 낙오자는 누가 될까
꼬리말 하나 던져준다

3부

몸 도장

오늘도 나를 남겨야겠어요. 화려하지는 않지만, 나는 내 몸을 다듬어요. 창밖에서 춤추고 있는 아카시아, 하얀 꽃도장을 파서 강강술래를 하고 싶어요. 검게 그을린 굴뚝 같은 마음을 조각도로 떼어내고, 한동안 나를 가둬 두었던 다락방 속에 매몰시켜 버릴 거예요. 과거는 현재에게 족쇄이거나 사치, 여전히 흙인주가 없는 아스팔트는 숨이 막히지만, 그 막막한 광장에 대하여 나는 더 단단해질 거예요. 오늘만큼은 발바닥에 인주를 듬뿍 묻히고, 틈틈이 돌아보며, 살아 있는 나를 발견하고 싶어요. 신발에 흙을 잔뜩 묻히고 내가 지나갈 때마다 새겨진 도장 안에서 웃음꽃이 초록빛 새순을 피워 올렸으면 좋겠어요. 안개가 데려오는 바람, 곧 내가 빠져나간 자리를 다시 메우겠지요. 누군지 모르는 사람이 다시 그 위에 도장을 찍으며 나를 꾹꾹 밟고 지나갈 테지요.

도장을 꾹꾹 새기며 울어 본 적 있으세요?
도장을 꾹꾹 찍으며 웃어 본 적 있으세요?

봄꽃들이 가지를 내밀며, 어두운 나를 밝혀주는 오후
내 몸 고스란히 새기며, 신발에게 뒤꿈치를 물린 발처럼 길을 열며
인력 사무실을 빠져나옵니다.

모자이크 맨

아이가 좋아하는 메뉴는 도처에 깔려 있어. 아이스크림, 드라이브, 놀이동산……. 굳이 메뉴 판을 보여주지 않아도 돼. 마음이 맑은 아이는 어둠을 잘 읽지 못하거든. 그날도 아이스크림에 넘어간 아이를 어떻게 하고 싶었던 건 아니야. 호기심이었다고나 할까 술과 본드를 몸속에 퍼뜨려 놓았어. 정신 줄 놓고 비디오를 모방했다면, 어차피 죽일 놈 된 거 맨정신보다 낫지 않겠어. 어쨌든 아이의 솜털 같은 날개를 꺾어 버렸어. 막상 아이가 눈을 뜨지 않으니깐 겁이 나더군. 웃긴 건 낭자한 선혈 앞에서도 감옥! 그것만큼은 피하고 싶었던 거야.

포위망은 좁혀왔고, 알리바이가 들통났어. 내가 저지른 짓이 하나 둘, 만천하에 알려지기 시작했어. 현장 검증을 가는 날, 솔직히 누군가 내 얼굴을 본다는 건 쪽팔리더군. 욕설, 돌멩이보다도 말이야. 그런데 괜한 걱정을 했어. 깊고 넓은 모자와 마스크를 선물 받았어. 분노한 군중들이 여기저기서 외치더군. 개XX, 쳐 죽일 놈 등등…… 다 괜찮아.

사건 · 사고 뉴스 시간
텔레비전 화면에서 모자이크 처리된 남자!
나 누군지 아는 사람?

마론인형 바비

백화점 진열대 위에 바비가 웃어요 39-21-33 황금비율의 몸매와 이목구비를 뽐내는 바비, 1959년생 바비는 좀처럼 늙지 않아요 여자는 항상 살아 있어요 속삭이며 헤라 화장품 광고 속에서도 살아요 바비를 따라하면 나도 바비가 될 수 있을 것 같아요 나 좀 한 번 봐주세요 용기를 내서 지나가는 사람들을 불러 보고 싶어요

2초에 한 번씩 바비를 품는다는 세상의 소녀들, 아무도 그녀들의 행진을 막지 못할 거예요 지금 이 순간에도 공장에서는 쉬지 않고, 바비들이 찍혀 나와요 모 연예인을 빼닮았다는 얼굴, 팽팽한 피부는 어딜 가든 인기가 많아요 바비를 태어나게 해준 마텔사의 전략은 소녀들의 피 속에 바비의 유전자를 수혈시키는 거였어요

나이를 까먹은 바비
보톡스로 부풀려진 늙은 소녀들이
거리에 진열되고 있어요

오색딱따구리

또각또각, 길을 쪼던 하이힐에서
한 쌍의 오색딱따구리가 날아오른다.
흥겹게 탭 댄스를 추며
길을 지나던 귀들을 불러 모은다.
산 속의 푸른 기운이 부리 가득 번지고
기울어 가던 오후가 허리를 편다.
입을 꾹 다문 채 기립해 있던 나무들
약발 오른 부리에 쪼일 각오 단단히 해야 한다.
아무리 속삭여도 퉁명스러운 대답만 던져대는 시멘트 바닥처럼
쩌억 갈라진 나무의 고집도 만만치 않다.
오색의 날개로 치마를 만들어 입고
밋밋한 배경마다 한 땀 한 땀 들꽃을 수놓는다.
꼭 닫혀 있던 마음에 둥근 구멍 하나 뚫릴 때까지
쉬지 않고 거리를 도색하는 오색딱따구리
햇빛으로 만든 화로를 적막 안에 들여놓고
세상 돌아가는 이야기며 마음의 근심을
군고구마처럼 노릇노릇 구워내는 꿈을 꾼다.
가끔 잠 못 드는 도서관이나 영화관의 고요를
철없는 딱따구리가 뾰족한 부리로 쑤셔놓기도 하지만

딱따구리로 분주한 거리는 꽃냄새로 진동한다.
관절염을 앓아 수선이 불가능한 딱따구리도
뭉툭한 부리로 날 선 부리를 보듬어 주는 거리
또각또각 침묵을 두드리면
언젠가는 열린다는 믿음으로
단단한 길에 입 맞추는 여자들의 발자국엔
사이좋은 오색딱따구리 한 쌍이 산다.

아임 헝그리

내 집에 놀러온 옆집 여자, 배곯는 소리 요란하다. 배가 너무 고파서 영혼마저 갈비뼈를 드러낸 여자, 푸른 계절의 한때도 황량한 겨울 벌판으로 도주한 듯하다. 손가락에 낀 2캐럿짜리 다이아 반지가 눈물을 그렁그렁 맺고 있다. 샤넬 화장품을 덕지덕지 바른 얼굴, 몸에는 이태리산 모피를 칭칭 감아 둘렀다. 그 여자 입만 열리면 50평 아파트가 인적 없는 산골 폐가가 된다. 건설회사 사장인 기름기 반질반질한 남편도 빈털터리가 되고 만다.

얼마 전 큰 맘 먹고 구입한 시장표 몸빼 바지를 입고, 결혼기념일 날 남편이 사준 도금 목걸이 목에 건 나, 터질 것 같은 마음에게 콧노래 한 꾸러미 넣어 주었는데, 어떤 말로도 위로해 줄 수 없는 그녀의 허기는 난감하기만 하다. 메워지지 않는 구멍 맨손으로 틀어막으며 살고 있는 나를 한순간 절벽 아래로 밀쳐내는 그녀, 온갖 명품 집합소 같은 그녀의 위장은 태평양보다 넓은 걸까. 경기 불황에 유명 레스토랑 쇠고기 스테이크도 마음껏 입에 넣을 수 없다며

아임 헝그리 아임 헝그리 곡을 해대는 그녀
그녀의 입을 대체 무엇으로 채워줘야 하는 걸까

줄 것 마땅치 않아 냉장고 뒤져 된장찌개를 끓인다. 별과 하늘, 새, 희망을 구수하게 끓여 올린 밥상, 그녀 앞에 내밀어본다.

그 여자의 화무십일홍

달랑 한 장 남은 달력
서른여덟 송이의 목이 위태하다
함박눈은 캐럴을 타고 사랑스럽게 내려온다
루돌프 루돌프 빨간 코 사슴을 노래하면
산홋빛 마차가 달력 한 장을 찢어 간다
내 몸에서 고무줄 하던 여자 아이
애인을 만나던 처녀
보름달 같은 아이 하나가 빠져나간다
분실한 여자들은 어디에서 찾아야 할까
장미의 정원에서?
액세서리와 화장품 속에서?
앞집 꽃 같았던 영숙이는 함바집을 하며 벌써 사십 초반
옆집 진숙이는 에어로빅 강사를 하며 아직 이십 대
아, 나이는 가끔 시력을 미끄러뜨린다
실종된 여자를 목격하신 분을 찾노라고
내가 잃어버린 여자를 현수막에 걸어놓으면
그 여자의 행방이라도 알 수 있을까
아라비아 사막에 가 있는 여자
두 겹 세 겹 양말을 덧끼워 신다가도 훌렁 벗어 던지는 여자
뻔뻔해지고 싶은 여자

남자들 눈알을 빼먹고 싶은데
탐스러운 입술로
후-하고 양귀비꽃을 뿌려주고 싶은데
내 꽃밭은 아직 건재하다고!
달랑달랑 한 장 남은 달력
단두대에 선 서른여덟의 그 꽃

죽겠다 가족

마을 정자를 찾은 팔순 노모
지팡이에 끌려온 엉덩이
바닥에 털썩 주저앉히며 죽겠다 죽겠다
오십 후반 아들
애인 기다리듯 문짝에 두 눈 박아 놓고
가게 세도 못 건진다며 죽겠다 죽겠다
삼십 초반 손자
벼룩시장 이 잡듯 뒤적이다
오라는 곳 없어 죽겠다 죽겠다
열 살 먹은 증손자
책상에 영어몰입교육 책 펴놓고
빳빳한 혓바닥에 휘말려
죽겠다 죽겠다

데엥 데엥
소불알시계 열두 시를 알리면
앞 다투어
배고파 죽겠다 죽겠다

점심 후 짬 내어

아들은 팔순 노모 팔다리 주무르고
손자는 아버지 등 두드려 준다
증손자 손자 어깨에 올라가
목청 큰 기마병 된다

이구동성 쏟아내는 말
좋아 죽겠다 죽겠다

음악이 흐르는 다리

녹슨 아치형 다리
사진 속에서도 노랫소리 멈추지 않는다
풀물 든 신발을 질질 끌며 걸어가던 소년이
소금기 밴 땀방울을 말린다
내게는 움직이는 네 개의 계절이
녹음 푸른 여름으로 묶여 있는 안개의 다리
입을 꽉 다문 채 기둥을 받치고 있는 다리 아래
물은 쉬지 않고 돌멩이를 훑는다
물살이 잠시 머물러 작곡하는 즉흥곡은
이미 여러 세대를 거쳐 왔을 터
이내 또 다른 물살이 다가와 악보를 잇는다
노래를 해독하려면 알아야 하는 물이 태어난 곳
내 속에 흐르는 물의 출처조차도 알지 못하는 나는
끝내 물의 진원지를 밝혀내지 못한다
다만 물은 흘러야 물살을 이루고 음악이 된다는 것
내 몸도 그 리듬의 일부로 만들어졌다는 것을
조금 알 거 같을 뿐……
녹이 숨 쉬는 다리는 이미 뼈 속에 가사를 풀어놓았다
물 아래 돌들이 몸을 들썩거리자
돌 틈 사이에 산란을 시도하던 황쏘가리 한 마리

머리 들어 다리를 본다
그물을 치지 않아도 물고기가 낚이는
늙은 시간이 음악을 흘리며 살고 있는 아치형 다리
풋과일 냄새가 진동하며
여름 한때 필름이 악보로 인화되어 있는

다락방 속의 여치

다락방에서 내 몸은 풀숲을 걸어가지요
여치 한 마리 어디론가 폴짝폴짝 뛰어가요
포플러 나뭇가지처럼 사방 갈라진 길
여치의 푸른 발목을 잡으려던 나는
자꾸만 허공을 헛짚고 말아요
까맣게 어둠이 알을 부화시키는 방
때론 쥐벼룩을 옮겨주는 생쥐가
다락방을 들락거리는 이유가 되기도 해요
맨살이 빨개지도록 온몸을 긁적거리다 보면
가끔 상처 밖으로 튀어 나오는 여치를 볼 수 있거든요
필라멘트가 얇게 숨 쉬고 있는 백열전구 옆
생쥐가 드나드는 작은 구멍 하나가 있어요
한쪽 눈을 두레박에 실어 내려 보내면
텔레비전 화면에 갇혀 있는 늙은 엄마가 건져져요
엄마가 틀니도 없는 웃음소리를 흘릴 때마다
바람 숭숭한 잇몸이 내 빽빽한 치아를 후려쳐요
등에 굳은살이 혹처럼 박혀있는 아버지도
움푹 파인 노후를 이불 위에 붙이고 있어요
아직 뚜렷하게 이룬 것 없이 살아가는 나는
실업의 죄가 두껍기만 해요

온몸에 돋아난 빨간 수두자국 같은 날들
이제 그만 다락방을 나와야 할 거 같아요
여치의 여름은 뜨거웠다 식었다 하는데
여치는 어디로 가고 있는 걸까요?

끈끈이주걱

꿀벌 한 마리
분주한 날갯짓에 허기가 보인다.
붉은 털이 쐐기풀로 만든 체액을 내보내고
꿀벌의 반경에 그물을 치기 시작한다.
빛으로 빽빽한 대낮은 의심을 품기에 너무 눈부시다.
얼굴 가득 화색이 만연한 끈끈이주걱
제 몸을 활짝 펴서 안락한 의자로 꾸며 놓는다.
때론 꿀벌도 꿀통을 내려놓고 싶을 때가 있는 법
날개와 다리를 다소곳이 접은 꿀벌

피곤을 덜어내는 휴식은 아주 잠깐 편.안.했.다.

툭, 툭, 제 관절을 부러뜨려
배수진을 치는 끈끈이주걱
그제야 함정임을 예감한 꿀벌이
의자에서 몸을 일으키려 한다.
덫에 걸린 몸의 일부가 숨통을 조여 올 때
움직일 수 있는 몸이 짊어져야 하는 짐은
생과 사를 동시에 느껴야 하는 고통의 강도이다.
발버둥이 클수록 적의 식욕도 빠르게 반응한다.

4-6시간
완전범죄를 마친 끈끈이주걱
혓바닥을 내밀어 생식의 흔적을 지운다.
찾지 않으면 일 년의 기다림이 되고 마는
꽃의 자태로 돌아간다.

가벼운 지갑

때 이른 가을이
지갑 안에서 짤랑거리는 오후
어머니의 예순네 번째 생신 선물을 사러
읍내로 간다
어머니는 물질보다
정성을 더 귀히 여기시리라
정성과 귀히란 말에 언뜻 봄볕이 드리우다가
물질이란 말에서 마른 잎들 버석거린다
소갈비가 돼지갈비로
생물 생선이 냉동 생선으로
메이커 내복이 떨이 내복으로
봉투에 넣을 지폐 열 장이
다섯 장으로……
입을 열지 않는 지갑이 고민을 거듭한다
막차에서 내리는데
어디선가 낯익은 음성이 들린다
"너만 잘 살면 된다."
선몽처럼 나타나신 어머니
마른 잎사귀 긁어 가신다

손수건

땀 흘리며 수레를 끌고 가는 할아버지의 삐걱거리는 허리는 나를 펼치게 하죠. 할아버지의 위태한 발자국을 다 느끼면서도 입맛을 다시는 골목의 입은 냉정하죠. 고이 접혀 있던 내가 하얀 옥양목 흰 가슴을 펼칠 때는 다 그만한 이유가 있는 거죠. 난 오를 수 없는 길을 오르는 자들을 보면 가슴이 뜨끔해져요. 어느 날은 상두꾼들의 땀을 받아내며 물을 넘쳐서 죽을 뻔했습니다. 그날은 할미의 상여가 산으로 가고 있었는데, 젊었을 때 혼자 몸이 되어 억척스럽게 일곱 아들을 키운 할머니가 산을 오르는 날이었죠. 어찌나 내 배가 터져라 눈물을 먹이는지, 넘치는 눈물 주체할 수 없는 나는 수없이 비틀어지며 그들의 이마를 오르내렸죠. 49제가 지날 때까지 견딘 나는 터진 몸으로 애를 먹었어요. 될 수 있으면 애인을 만나기 위해 콧노래를 부르며 가는 청춘의 주인공이거나, 웃음이 문지방을 넘어 대문으로 새어나오는 그런 자의 손에 쥐어지고 싶어요. 대부분 나를 꺼내는 손들은 슬픈 드라마보다 더 짠 눈물을 내게 주는데,

이젠 당신의 행복을 닦아줄 나를 만들어 주세요.
쨍쨍한 햇볕에 나를 널어 주세요.

시속 70킬로미터

곱게 차려 입은 어머니가 슬프다 신발을 신으며 꺼내 드는 장롱면허는 칙칙하다 면허 딴 날마저 가물거린다 할 때 그것을 확인해 주는 나는 죄인이다.

어머니, 시속 70킬로미터에 도착하셨어요!

어두운 귀와 함께 내통하게 되면, 눈앞에 펼쳐진 봄동산이 무대 뒤에서 바스락거리는 낙엽 같다. 인상을 쓰며 간신히 몸을 일으킨 어머니, 아무래도 카센터에 가야겠다고 중얼거린다. 계단 위로 한 발 한 발 내디딜 때마다 장롱면허는 소리 없이 흐른다. 운전을 하면서도 난간을 움켜쥔 어머니의 손은 야무지다. 카센터 직원 앞에서 바지를 걷어 올린 어머니,

바퀴가 말썽이야, 정신은 멀쩡한데……
오래 삭은 통증을 쏟아내기 시작한다.

다시 새 차가 될 수 없는 운명에 대해 확인시켜 주려는 듯…… 눈을 동그랗게 뜬 직원이 뢴트겐을 샅샅이 뒤진다. 고물차는 시동이 켜지는 것만으로도 다행이에요. 침과 부항으로 볼트와 너트를 꽉꽉 조여주자, 힘을 얻은 어머니 다시 운전석

에 앉는다. 끝까지 새 차를 갖고 싶다며 투덜투덜…… 열쇠가 꽂힌 눈앞의 길은 아득하기만 하다. 어디든지 갈 수 있다던 다리는 마음과 철저히 분리되어 있다. 엑셀을 밟는듯하면서도 후진기어를 넣고 만다. 쌩쌩 달리던 그때가 있기나 했던 걸까 끼익 신음소리를 내는 자동차 앞에서, 나는 끝까지 잃고 싶지 않은 비로도 치마를 본다. 결국 어머니, 언덕에 멈춰 서서는 거친 숨을 주저앉히고야 만다.

시속 70킬로미터를 달려온 차 한 대 내 등에 업힌다.
태어난 날이 기록되어 있는 주민등록증은 어머니의 장롱면허증
그 속의 숫자에게 볼모로 잡힌 어머니를 찾아올 길이 아득하다.

낫

오랜만에 찾은 고향집, 대문을 열자, 몇 날 며칠 나를 기다렸다는 듯 창고 벽에서 내려온다. 마당의 까칠한 풀들을 말끔히 베어내고서야 굽은 허리 마당에 내려놓는다. 할 이야기가 많다는 듯 연신 오물거리는 입, 내 시선은 울퉁불퉁 빠진 이빨에 모여든다. 서슬 퍼렇던 칼날, 거침없는 기세로 베어냈던 풀들이 푸른 기억으로 묻어 있다.

방 안에선 일흔둘의 아버지, 가래 끓는 소리 쏟아낸다. 그럴 때면 낫은 가는 귀 먹은 귓구멍을 열어놓은 채 가만가만 그 소리를 끌어당기고 있다. 그때 나는 아버지의 허리춤에서 삐거덕거리는 소리와 만난다. 온몸의 뼈들이 어긋나는 소리, 다시 꿰어 맞출 수 없는 발치된 이빨이 쌓여 있는 곳, 그 굳은살 박인 허리춤에서 낫 한 자루 걸어 나온다. 두 개의 낫이 참 많이도 닮았다. 더 벨 것도 얻을 것도 몸이 되어서야 비로소 서로를 바라볼 수 있어졌다.

낫이 나에게 세상을 베어나가는 법을 가르쳐 준다.
내 허리춤 아직은 무디기만 한 칼날을 보듬어 준다.

순한 발톱

동물원, 사자가 식사를 한다 그릇에 담긴 살코기, 빨간 핏물이 사자의 숲에 차단기를 내린다 사자의 숲은 조련사, 방문객, 쇠창살이 만들어준다 발톱을 안으로 집어넣은 사자, 나무 그늘에 풍선처럼 부푼 배를 눕힌다 곤한 잠에 실려 가는 사자의 몸, 사자는 꿈속에서 고향을 둘러보기라도 한 걸까 꿈을 꾸는 것 같다 툭, 목 아래로 떨어지는 잠

아프리카 초원을 달리며 혹, 톰슨가젤과, 얼룩말을 만나고 있는지 모른다 까르르 웃으며 잡아보라고 소리치는 꿈속의 먹잇감들, 킁킁거리며 어미를 찾는다 어미를 본 듯하다가도 다시 놓치는 사자, 피가 잠든 몸은 가볍기만 하다 숨바꼭질을 끝낸 걸까

사자가 눈을 뜬다 구경꾼들의 등 너머, 목련 꽃 너머, 거인처럼 서 있는 고층건물
사자의 발톱이 순하게 오므려진다

4부

발자국 아래의 시간

타인의 발자국 밑에 묻힌
내 발자국은 긴 잠을 자는가 보네
주소를 물어봐도
번지수를 말해주지 않네
즐겨 불렀던 아가위나무는
지평선 어딘가에서
메아리로 돌고 있는가
내 노래는 홀로 오솔길을 거닐며
침묵 한 올씩 뜨개질하다 뒤돌아오네
교회당 옆 젖소우리
정오를 씹으며
햇볕을 반추하던 새끼 밴 암소
개망초꽃 웅성거리는 사이로
늙은 촌부의 물기어린 기도가
저녁 종소리를 몰고
마을 골목으로 흘러가던 곳
누군가 부르는 듯해서 돌아보면
푸른 아가위나무 이파리 혼자
제 몸 부딪히고 있네
발자국 아래 잠든 기억들이
발자국 위를 들춰보고 있네

달동네 그곳

등이 패인 골목
위장이 작곡하는 나의 18번지가
꼬.르.륵 전원을 켜기 시작한다
마지막 발자국을 달에게 들킨 후
한 번도 달빛 마이크를 들지 않았다
뭘 더 얻어먹을 게 남아있는 걸까
골목은 여전히 갈라터진 입술을 오물거린다
덕지덕지 노란 장판을 기운 지붕 아래서
잔뜩 웅크리고 있는 나의 낭랑 십팔 세가 보인다
이 악물며 비닐하우스 일을 다녔던 어머니
아침이면 공중변소를 엉덩이 하나로 독식한 채
내 후각과 청각을 동시에 가격하던
만성변비 아줌마의 신음소리 같던 월세 독촉장
그런 가운데서도 나는 내 나이가 뿜어내는 꽃기운을
그냥 지나칠 수 없었다
내게 멋 내는 법을 가르쳐 주던 친구 덕에
종아리엔 종종 퍼런 멍줄기가 새겨졌다
"이러려면 도대체 나를 왜 낳았어?"
퍼붓지 말아야 했을 말들이 눈물로 고여 있는 곳
언제쯤, 재개발될 수 있을까?

시간에게도 해결 받지 못한 가난이
내가 떠난 이후에도 여전히
달동네 옆구리를 빽빽하게 채우고 있다

떨이

날이 저물기 시작하자
장사꾼들의 떨이가 시작된다
가장 조급해 보이는 좌판은
생물 생선을 파는 곳이다

팔팔 뛰는 고등어가 두 마리에 오천 원 하던 것이
네 마리에 오천 원 !

오전에 푸른빛을 띠던 고등어는
노르스름하게 변색되어 있고
아저씨는 유난히 팔팔을 강조하면서
두 마리를 곱으로 늘렸다

순진한 새댁들은
팔팔과 네 마리란 말에 솔깃하여 모여들고
이미 장마당 생리에 해박한 아줌마들은
퀭한 고등어의 눈을 힐끗 쳐다보다 지나친다

팔팔이란 말에 넘어간 적이 많은 나는
두 마리와 네 마리의 경계를 연결해주는

하던 것이……란 고개에서
발을 떼지 못한다

길지 않은 생중의 일부를 거쳐 왔던 팔팔이란 말
상술 속에서조차 끌리는 말

나를 떨이하려면
말풍선을 얼마나 부풀려야 할까
검정 비닐봉지 속 고등어는 말이 없고
또 다른 내가 좌판 위를 서성이고 있다

세 발자국

마을 골목
할머니가 지팡이를 짚고 걷는다
새가 나무를 쪼듯 길을 쪼는 지팡이
할머니의 손에서 낙지 한 마리가 꿈틀거리며
지팡이의 중심을 둘둘 말고 있다
등허리엔 준령이 달렸을까
톡 튀어나온 등이 단봉낙타를 닮았다
들숨과 날숨이 할머니를 잠시 세워 놓고
분주하게 빠져나오는 하얀 입김을 진정시킨다
한 발 한 발 내디딜 때마다
바닥으로 기우는 걸음을 의족처럼 맞춰주는 지팡이
눈길 위에 세 개의 발자국이 도장처럼 찍힌다
쪼그라진 뱃속 둥지는 이미
여러 명의 아이를 떠나보냈을 것이다
생이란 것은 어차피 외길 속의 짝사랑 아니던가
어느 성벽을 오르려 했을까
혼자만의 무게만으로도 버거워 보이는 수레가 될 때까지
수없이 많은 윤활유를 성 안에 발랐으리
뼈를 빠져나간 구멍을 지팡이로 틀어막으며
남은 길 더듬더듬 찾아가는 할머니

세 발자국의 왕국에서 할머니는
충복이 된 지팡이를 지휘하고 있다

나비가 사는 버드나무

개울 옆 버드나무 가지에 노란 애벌레가 꽃을 피워요. 기다란 속눈썹이 자귀나무를 닮은 눈, 동글동글한 눈알 굴리며 주위를 두리번거려요. 보송보송한 솜털은 애벌레가 덮고 자는 담요예요. 두꺼운 외투 벗어버리고 함께 덮고 싶어요. 싸아, 봄물 뛰어노는 애벌레의 심장소리, 꼭 닫혀 있던 동굴 문 두드리고, 겨울잠 자던 줄무늬 다람쥐의 눈, 퍼뜩 놀라 잠을 내려놓아요. 삐그덕 문 열리는 소리, 숲 속을 뱅글뱅글 도네요. 겨울 수수께끼를 푼 애벌레, 꽃술 가득 매달린 이슬방울로 목축이고, 날개돋이 시작하네요. 버드나무를 덮은 노랑나비 떼,

햐, 허공이 환.해.졌.어.요.

청개구리의 노래

비 오는 날, 봉숭아 꽃밭이 시끌하다 젖은 이파리에 신방을 차려놓고, 사랑을 찾는 청개구리, 몸뚱이 하나로 밀어붙이는 사랑이 거룩하다 해마다 우기가 되면 비 새는 지붕 아래서 새어나오는 돈독한 사랑, 함께 비를 맞아봐야 사랑도 커지는 것일까 그들의 사랑노래가 방 안으로 흘러 들어오면 가난한 살림살이에도 살이 오른다

개굴개굴……
해독하지 못한 가사
내 손톱에 빨간 봉숭아물로 새겨진다

안개 속의 플랫폼

그녀는 그곳에 없었다
대합실 의자 한쪽의 공백을 붙잡고
행방을 알 수 없는 그녀를 찾아본다
휴가 나온 군인과 팔짱을 낀 여자가
군화 소리에 엎혀 대합실을 빠져나간다
잠을 들여놓지 않는 역은
누군가의 체온을 한 움큼 물고 있다
고교 졸업 후 서울 어느 방직공장
길쌈틀 앞에서 세를 산다는 그녀
그녀가 짜 놓은 피륙이
내 몸 한편에 의문스런 염색물을 들인다
연극배우가 되고 싶다며
무료티켓이라도 생기는 날이면
책가방을 들러 메고 공연장으로 달려가던 그녀
살다 보니 나도 어느덧 조연급 이상의 연기를 펼치곤 한다
그녀도 어쩜 세상이 모두 무대였다는 것을 깨달으며
농도 짙은 연기를 하고 있을지 모른다
그녀에게 쏟아놓을 말들이 수문을 밀어댄다
봄 햇살처럼 화창한 형용사만 그녀의 가슴에
방류하고 싶다

부풀어 오른 안흥찐빵을 단팥처럼 씹으며
그녀와 나 사이를 가로막았던 안개를 거둬본다
잘 있거라 플랫폼이여!
함께 플랫폼에 깔려있는 안개를 수거하여
북한강 상류에 뿌려본다

뿌리

문어발처럼 퍼져서
최대한 땅을 움켜잡는다
커다란 바위를 뚫고
질긴 뿌리들을 키운다
입을 벌린 바람에게
중심을 빼앗길 수 없다

핏덩이 같은 새끼들
어미의 젖무덤을 빨며
저마다 별 하나씩 움켜쥐고
가지를 뻗어간다

점점 야위어 가는 고목
꽃보다 아름답게 서 있는 당신
무릎 아래
붉은 씨앗이 파고든다

발자국

이른 새벽 새 한 마리 쪼르르
눈 쌓인 산길을 넘어갔다
작은 새 발자국 능선을 넘어
길고 긴 순례의 길을 걸어갔다
발자국을 따라가며
새 발자국 화석을 생각한다
눈 위를 맨발로 걸어간
꽁꽁 얼어붙은 발자국에는
비린 살 냄새와 가냘픈 심장소리 배어 있다
새는 잠시 고단한 날개를 접고
적막한 눈 산을 콩콩 뛰며
발도장을 찍어보고
젖은 날개를 퍼덕였을 것이다
이른 산에 올라
먹이를 찾는 새의 눈빛과
배고픈 울음소리를 생각한다
반짝이는 은빛 발자국 옆에 누워
눈옷을 입고 날아가는
새의 모습을 찾아본다

도마에 파를 올려놓고

텃밭에서 뽑은 파 한 뿌리
도마 위에 올려놓고 칼을 집어든다
방금 흙을 털어 낸 뿌리가 싱싱하다
파뿌리는 희디흰 백발이다
검은머리 파뿌리란 말처럼
흰머리를 풀어 헤쳤다
뿌리를 키운 파대가리는 단단하고
줄기는 텅 비었다
속을 다 비워야 비로소 파가 되는구나
문득 내 나이를 헤어보니
어중간한 이립의 중간에 서 있다
나는 날마다 채우려고만 하였는데
저 파는 속을 비우고 살았구나

도마에 오른 파 한 쪽
차마 썰지 못하겠다
보글보글 동태찌개는 끓어오르고

멸치의 바다

미국 프로메다 서울식품 가게에 들어서자 비쩍 마른 멸치들이 보인다 네모 상자 속에서 바다를 잃은 멸치 떼가 검게 튀어나온 눈알로 나를 본다 저 눈에는 얼마나 많은 것들이 담겨 있을까 맛있는 해초와 푸른 물미역 사이를 누비던 그때가 그리워서 눈이 뜬 채로 말랐을까 동해의 노을이 잠기고 이국에 잡혀온 은멸치의 비늘이 내 눈에 꽂힌다 찬 서리 넘쳐나는 이국의 방파제에서 서서히 닻을 내리며 실종되던 것들 6달러를 지불하고 말라붙은 그리움을 바구니에 넣자 산홋빛 출렁이는 동해가 손끝에서 묵직하다

버드와이저 한 잔 들이키며 그리움을 뼈째 씹어본다

아리랑 아리랑 아라리요

묵묵히 혓속을 맴돌다가 침묵이 되어 목젖으로 넘어가는 기약 없는 바다

가슴 가득 고향 노을로 물들이고서야 바다를 접은 그들을 내려놓는

카멜레온 바람

새벽 한 시, 바람의 움직임이 감지되던 날, 술 취한 실바람이 방문을 열어 재낀다. 풍향계를 돌리며 방향을 읽던 여자, 창백한 얼굴에 비닐구름이 몰려든다. 순진한 산골처녀였던 여자, 빨간 립스틱이 사정없이 찍힌 남실바람의 얼굴을 본다. 코끝에 대보면 더 없이 향기로울 것 같은 징그러운 봄날, 그물을 친 나비 날개가 반짝반짝 빛난다. 나뭇잎을 털던 여자의 가슴에 는개가 내린다.

나비의 출처를 묻는 여자, 기다렸다는 듯 산들바람은 파도몰이를 시작한다. 놀란 갈매기 떼가 황급히 날아오르며 흔들바람을 뱉어낸다. 바닥에 버려진 물고기들의 숨이 약해지고, 거품 문 파도가 여인을 덮친다. 텔레비전 속에서 보았던 어느 여배우의 대사가 생각난 여자, 된바람에게 가시나무 한 그루를 뿌리째 던진다. 쌘비구름 주위를 서성이던 번개

센 바람이 여자의 눈두덩이를 파도에 밀어버린다. 눈두덩을 감싼 여자의 손 벌건 눈물을 닦아낸다. 험악해진 큰바람, 여인의 팔과 다리마저 파도에 밀쳐낸다. 큰센바람이 사기그릇으로 파편을 튕겨댄다. 한 번 폭발한 노대바람은 여자의 얼굴에 나비 떼를 던져댄다. 다시 붙일 수 없는 깨진 접시처럼 뿌리까지

뽑힌 여자, 쾅! 왕바람이 닫아버린 문에 갇힌다.

결혼 십오 년이 지나도록 아이가 없던 부부
싹쓸이 바람이 다녀간 문간방은 정적만이 반질반질하다.

예약석

문 안에 들어서자
외진 구석을 지키고 있는 그가 보인다.
나의 푸른 혈기는 그가 품고 있는
그렁그렁한 억새풀들의 숨소리 앞에서 멈추게 된다.
꾸벅꾸벅 조는 주름과 검버섯을
따뜻하게 품어주는 것이 그가 할 일이다.
그가 잠시 무게를 덜고 있을 때
눈 딱 감고 털썩 나를 던져주고 싶을 때가 있다
잠시 그에게 내 몸을 맡겨놓고
한 번쯤 억새풀 행세를 하고 싶은 것
그렇다고 그의 휴식을 틈타
덜컥 그를 차지하려 하면 안 된다는 것은 안다
그에게 나는 미래를 예약한 손님
그를 차지하려면 족히 30년은 기다려야 할 터
오랜 역을 바람에 휘청이는 나무처럼 서 있어도
나를 받아줄 수 없는 그에게 감사하는 편이 낫다
새와 나비를 닮은 청춘이 잠들어 있는 몸
때론 술에 취하거나 뒤집힌 속을
그대로 쏟아놓는 억새도 있지만
악취 나는 토사물을 그는 꾹 참아낸다

아직 멀다고 생각하는 그에게 가는 길
어느 자리가 명당석인지
명당에 실려 가기 위해 억새들은 어떤 자세를 취하고 있는지
휘날리는 머리카락 사이사이를 가만가만 세어본다
오래전 고향 억새도 잠시 들렀다 갔을 그의 품
지하철 문이 열리자 억새 몇이
그에게서 지팡이로 몸을 옮기며 군중 속으로 사라진다

할미의 마음도 알아주려무나

너희들도 알고 있느냐
이 할미도 가끔 치마 속이 허하다는 것을
녹음방초에 탕을 데워 꽃씨로 태어나고 싶음을
다시 역류하여 봄으로 가고 싶음을 아느냐

꽃향기에 취해 꿀벌과 노니는데
오라 하지도 않은 풍랑이 일더니
나의 대궁에 상처만 남겨놓고
퇴색의 욕망을 뿌리고 있구나

나도 꽃 같은 색동옷 속에 들어가서
몸을 부풀리고 싶어
서리가 내릴지라도 이왕이면
예쁜 꽃 서리를 맞고 싶어

만개의 절정을 보내고 있는 너희들은
늙은이의 거죽만 걱정해주더구나
늙은이가 살던 집이 세월에 타버려 신음하고 있음을
그때는 꽃무늬 원피스도 입어보고 싶음을 아무도 몰라

파스보다는 달콤한 초콜릿도 줘보려무나
일만 송이의 장미꽃도 선물해 보려무나
새빨간 립스틱도 발라보고 싶구나
치마 속이 허하니 보약도 서러워지는구나

땅따먹기의 시초

손으로 구슬을 칠 줄 모르던 유인원類人猿 새끼 침팬지, 근처에 살고 있는 침팬지에게 기습을 당했다. 새끼 침팬지는 어미를 잃었다 땅을 붉게 물들인 어미의 피, 노을에 어미를 묻으며 새끼 침팬지는 처음으로 흰자위가 붉어지는 이유를 알았다 곧 다가올 밤보다 더 깊은 슬픔에 몸을 떨었다. 더 이상 어리면 안 된다는 것을 깨달은 새끼 침팬지, 위기가 닥쳐오면 아지랑이처럼 떠오르다 사라지는 생각이란 것과 만나곤 했다.

끊이지 않는 적의 기습, 쳐들어온 적에게 새끼 침팬지는 손에 들고 있던 몽둥이를 휘둘러보았다. 혼비백산 달아나는 적, 아, 몽둥이를 흔들면 무기가 될 수 있구나! 가슴 깊숙이 묻어두었던 어미의 뼈를 들고, 새끼 침팬지는 원수를 찾아갔다. 무릎 꿇은 원수 침팬지, 두 번 다시 새끼 침팬지의 영토를 침범하지 못했다 피는 피를 부르고, 작은 호두 알 속에 생긴 뼈들이 몽둥이가 되고 창이 되고 권력이 되어 어른이 된 새끼 침팬지 가죽옷을 벗었다 호모사피엔스를 지나 어미의 뼈로 시작된 복수, 땅따먹기의 시초가 되었다

손으로 구슬을 치는 일쯤은 아이들 놀이가 되었다

토테미즘

도시에 살면서 사라졌다고 생각했던 믿음이
어두운 밤 창가에서 새록새록 돋아나네
내 마음속에는 숭배가 있고
세습적 신앙이 산신령 할아버지를 모셔오네
떡갈나무가 다람쥐를 키우고
수달이 바닷물을 나르고
독수리가 썩은 시체를 항문 밖으로 뿌리고
곰이 꿀벌을 불러들이네
북아메리카 원주민 마을
스모킹 마운틴에서는 여전히
나무 연기가 구름을 만들고
동물의 기둥에서는 예배 소리 끊이지 않네
도시의 매연에서 잠시 증발했던 동물들이
맹꽁이 울음소리를 내며
비 묻은 어둠을 씻어주는 창가
긴 잠이 꿈틀거리며 풀숲으로 걸어가네

'등의 지도', 혹은 므네모시네의 시학詩學

홍신선(시인 · 전 동국대 교수)

1.

전정아 시인의 시를 처음 읽은 것은 미국에서 온 e메일을 통해서였다. 신인상 응모작으로 보낸 것이었는데 세련된 언어감각과 유니크한 사물해석이 돋보이는 작품들이었다. 그리고 등단한 뒤에도 전정아 시에 대한 이 같은 내 첫인상은 별반 달라지지 않았다. 그러다가 이번 시집 『오렌지나무를 오르다』의 시들을 통독하면서 나는 뒤통수를 한 차례 호되게 가격당한 기분이었다. 그 기분은 이런 것이다. 첫째는 그녀 시작품의 밑그림이 내게는 너무 친숙한 농경사회의 삶이고 정황들이란 것이었다. 그것도 해체과정 속에 있었던, 그래서 가난과 좌절이나 일탈, 또 거기서 분비된 쓸쓸하고 칙칙한 정서들이 얼룩얼룩 배어든 그런 삶들을 드러내고 있는 것이었다. 더 나아가 이것은 주로 개인적 기억들이지만, 그 기억의 전유를 통해 자기 것으로 내면화한 가족사의 형식들을 취하고 있다는 점이었다. 두 번째는 일관되게 우리 이웃사람들을 통해서 성찰하고 탐구한 삶의 실존적 의미를 천착하고 있다는 사실이다. 우리 시단의 통념대로 하자면 모더니즘적이기보다는 전통서정에 더 정신적 친연성을 둔 시들을 보여주고 있는 것이다. 이 같은 시적 특성들은 내가 막연히 짐작하고 있던, 곧 미국생활에서의 체험들을 바탕에 깐 세련되고 이국적인 시들일 것이란 기대를 통째로 배반한 것이었다. 그런데 그 배반은 나로서는 매우 유쾌한 것이었다. 말하자면 커다란 놀람 뒤에 오는, 그것도 정서상의 동질감을 확인한 뒤의 얼마간의 경쾌함이라고나 할까.

아무튼 나는 그녀의 시가 이국체험을 심하게 드러내는, 그러면서 다소 전위적일 수밖에 없을 것이란 예단은 일단 여기서 접어야 할 것이다. 그래서 나는 그녀의 가족사와 농경사회의 장삼이사들이라 할 그녀 이웃들의 이야기들을 즐겁게 따라가기로 한다. 그런데 이번 시집에는 미국체험이 배인 작품이 딱 한 편 있다. 우선 그 작품부터 읽고 나서 나의 시세계 가이드를 본격적으로 시작해보자.

> 미국 프로메다 서울식품 가게에 들어서자 비쩍 마른 멸치들이 보인다 네모상자 속에서 바다를 잃은 멸치 떼가 검게 튀어나온 눈알로 나를 본다 저 눈에는 얼마나 많은 것들이 담겨 있을까 맛있는 해초와 푸른 물미역 사이를 누비던 그때가 그리워서 눈 뜬 채로 말랐을까 동해의 노을이 잠기고 이국에 잡혀온 은멸

치의 비늘이 내 눈에 꽂힌다 찬 서리 넘쳐나는 이국의 방파제에서 서서히 닻을 내리며 실종되던 것들 6달러를 지불하고 말라붙은 그리움을 바구니에 넣자 산홋빛 출렁이는 동해가 손끝에서 묵직하다

—「멸치의 바다」 일부

산문의 줄글 형태를 취하고 있는 이 작품은 우선 잘 읽힌다. 그것은 난해한 시적 장치를 일단 배제한 데서 오는 현상이다. 작품의 겉문맥을 따라가며 시적 정보들을 점검해 보자. 화자는 이국의 식품가게에서 뜻하지 않게 판매용 멸치를 발견한다. 그 멸치는 동해에서 잡힌 것으로 화자의 상상력을 자극한다. 여기서 화자의 상상은 동해로 대표되는, 떠나온 한국이자 고향에 대한 것들에게로 작동된다. 그 고향은 '뼈째 씹히는' 그리움이자 화자의 '가슴 가득 노을을 물들여 주는' 공간이다. 아마도 그 공간에는 화자의 유년이, 그리고 핏줄들인 가족들이 자라잡고 있을 것이다. 이 작품에서도 고향은, 더 간단히 말하자면, 화자의 정체성을 압축한 기표로서 상상되고 있다. 그런 까닭이겠지만 M.하이데거는 고향을 존재의 존재성 혹은 본질이라고까지 말한 바 있다. 고향을 떠나 이국에 있다는 것은 자신의 존재성을 잠시 괄호 안에 묶어둔 상태라고 할 터이다. 그리고 괄호 안에 묶어둔 존재성 탓에 화자는 앓는다. 그것을 우리는 범박하게 고향 병 혹은 향수라고 부른다. 그러면 전정아 시인의 고향은 어떤 공간이며 누가 거기 살고들 있는가.

2.

누구에게나 고향에는 부모가 있다. 그 부모는 어린 시절엔 기대고 닮고 싶은 자기 동일시의 대상이다. 그런가 하면 기성의 가치체계이고 내가 보호받고 깃들여 사는 정신의 집이기도 하다. 일차적으로 사람들은 그들에게서 삶의 규범과 살면서 지켜야 할 가치들을 배운다. 이것이 육친이란 혈연공동체의 기본 사회적 의미와 역할일 것이다. 그것을 우리는 가정교육이란 말로 오래 긍정해왔다. 전정아 시인에게도 이 같은 사실은 예외가 아니다.

> 오랜만에 찾은 고향집, 대문을 열자, 몇 날 며칠 나를 기다렸다는 듯 창고 벽에서 내려온다. 마당의 까칠한 풀들을 말끔히 베어내고서야 굽은 허리 마당에 내려놓는다 할 이야기가 많다는 듯 연신 오물거리는 입, 내 시선은 울퉁불퉁 빠진 이빨에 모여든다.
>
> ……(중략)……
>
> 낫이 나에게 세상을 베어나가는 법을 가르쳐 준다.
> 내 허리춤 아직은 무디기만 한 칼날을 보듬어 준다.
>
> —「낫」 일부

인용한 작품은 낫을 매개로 화자가 늙은 아버지를 얘기한다. 겉문맥 대로라면 아버지는 일흔둘의 이제는 노쇠한 존재이다. 그러나 그 아버지에게는 '거침없는 자세로 풀을 벤' 푸른 기억이 있다. 화자는 고향집에 와 낫을 갈며 방 안 아버지의 가래 끓는 소리를 듣는다. 그리고 아버지의 숱한 사연이 묻은 낫과 내 낫을 견줘 보며 '두 개의 낫이 참 많이도 닮았다' 고 말한다. 뿐만 아니라 이제 화자는 아버지와 대등한 자리에 자신이 와 있음을 깨닫는다. 그렇다. 아버지는 화자에게 더 이상 자기 동일시의 존재가 아닌 극복의, 아니 이미 극복한 대상인 것이다. 하지만 그 극복의 자리에 이르러서 화자에게 낫은 무엇인가. 그 낫은 아직은 '내 허리춤에 보듬어야 할' 무엇이고 '세상 베어나가야 할' 법을 배워야 할 대상이다. 여기서 낫은 이처럼 아버지를 뛰어넘어 내가 보듬고 깨달아 갈 삶의 지혜를 상징한다.

그런가 하면 어머니 역시 '시속 70킬로미터에 도착한' 노쇠하기만 한 존재이다.(「시속 70킬로미터」) 그 존재의 노쇠한 정황은 철저히 자동차에 빗대어 제시된다. 이를테면 '바퀴가 말썽이야, 정신은 멀쩡한데……' 라든가, '엑셀을 밟는듯하면서도 후진기어를 넣고 있다' 라는 휘청거리는 걸음걸이의 표현 등등이 그것이다. 잘 알려진 대로 나이 든 사람의 시간은 주관적 시간이다. 물리적으로 계량화된 객관적 시간이 아니라 경험하는 사람의 주관에 따라 다양하게 인지하는 시간인 것이다. 이 같은 주관적 시간은 1시간을 10분으로, 혹은 10분을 1시간으로도 체험한다. 특히 그 시간의 빠르기는 엘리베이터나 자동차의 속도에 곧잘 비견된다. 이 작품의 어머니 역시 자신의 주관적 시간은 70km 속도의 빠르기로 진행된다고 인지한다. 이것이 이 시 발상의 단초일 것이다. 그런데 '고물차' 가 다 된 어머니 앞에서 화자는 '나는 죄인이다' 라고 진술한다. 왜 죄인인가. 사실적인 판단만으로 보자면 화자가 죄인일 하등의 이유는 없다. 드 작품의 겉문맥 어디에도 그 이유는 제시되어 있지 않다. 다만 화자의 심리적인 이유 정도를 우리 읽는 이들이 짐작할 뿐이다. 곧 자식들에 대한 끝없는 헌신과 그로 말미암은 지난 날 삶의 숱한 곡절 등을 떠올렸을 때의 죄의식이란 추정이 그것이다. 과연 그러한가.

때 이른 가을이
지갑 안에서 짤랑거리는 오후
어머니의 예순네 번째 생신 선물을 사러
읍내로 간다
어머니는 물질보다
정성을 더 귀히 여기시리라
……(중략)……
입을 열지 않는 지갑이 고민을 거듭한다
막차에서 내리는데
어디선가 낯익은 음성 들린다
"너만 잘 살면 된다"
선몽처럼 나타나신 어머니

—「가벼운 지갑」 일부

이 시는 굳이 산문적 번역이 필요 없을 정도로 잘 읽히는 작품이다. 생신날 어머니 선물을 샀던 기억을 가벼운 시적 터치로 제시하기 때문이다. 화자는 선물 고르기도 선물 고르기지만 우선 돈에 대한 강박에 시달린다. 그 강박은 넉넉지 않은 돈 액수 탓이다. 결국 고민 끝에 선물을 마련하고 막차로 돌아오지만 화자의 귓전을 때리는 것은 '너만 잘 살면' 그것이 선물, 그것도 최상의 선물이란 어머니의 말씀이다. 어머니는 대체로 그런 존재이고 딸 역시 그것에 가슴 저려하는 존재이다. 이 경우 넉넉지 않은 선물이, 그렇게밖에 할 수 없는 딸로서의 내적 고민이 죄인이란 생각에 이르게 할 터이다.

그렇다. 이 땅에서 그동안 딸로서, 아내로서, 또 어머니로 살아낸다는 것은 얼마나 신산하고 지난한 일들이었는가. 그래서 일찍이 작가들은 서사전략으로 '여자의 일생'을 기록해왔다. 그런가 하면 시속 70킬로미터의 장삼이사 할머니들은 흔히 '내 산 얘기는 소설책 한 권' 운운하기도 했었다. 이번 전정아 시집의 시들도 범박하게 말하자면 이 땅에서 '여성으로서 살아내기'에 대한 담론들이다. 이미 살펴본 대로 그 담론은 먼저 어머니를 통해서 이루어진다. 어머니는 '열아홉 되던 해 산골로 시집와서/평생 논과 밭에서 그릇 채울 일에/고심하며 사셨던 어머니/어머니가 늘 몸 헐리며 채워 넣었던 그릇은/늘 변함없는 메뉴를 자랑했'다고 한다.(「그릇」) 한 여성의 아내로서의, 어머니로서의 삶은 그렇게 시작됐고 그렇게 영위됐다. 여느 산골 농가의 삶이 그렇듯 그녀 역시 집안일은 물론 농사의 고된 노동을 했고 끼니 걱정을 하며, 또 어렵사리 아이들을 키우며 살았던 것이다. 그것도 가부장제 아래에서 말이다. 주지하듯이 가부장제 아래에서의 우리 여성들은 중심/주변, 주체/타자라는 짝패구조에서 주로 주변과 타자로서의 삶을 살았다. 이 열악한

여성성 위에 어머니는 지난 날 전쟁이란 집단기억마저 몸속에 각인하고 산다. 곧,

> 전쟁 때 중이염을 앓아
> 평생 귀문을 열지 못했던 어머니
> 군청색 슬레이트 지붕 아래는
> 남보다 더 큰 몸짓과 목소리가
> 집안 곳곳 확성기처럼 울려대곤 했다.
>
> ―「대화」 일부

와 같은, 전쟁으로 말미암은 청각장애를 지니게 된 일이 그것이다. 이 작품은 어시장에 부모님을 모시고 갔던 삽화를 보여주면서 특히 어머니의 청각장애가 어떤 것인가를 아프게 제시한다. 젊은 날 청각장애 탓에 말까지 어눌해진 어머니. 그녀는, 화자에 따르자면, 단단한 갑각 안에 '매운 팬터마임의 시간'을 내장한 대합 같은 존재이다. 그런데 그 대합을 여는 방법이 어떤 것인가를, 그리고 그 방법이 한 길만이 아닌 것을 가족들은 너무 잘 터득하고 있다. 마치 어두운 광야에 버려진 한센씨병 환자인 어머니와의 화해의 길이, 아들과 아버지 역시 한센씨병 환자로서의 숙명을 적극 껴안고 받아들이는 것임을, 보여준 최인훈 희곡의 상상력처럼 말이다. 이러한 '여성으로서'의 삶은 어머니의 어머니인 할머니, 또 증조할머니의 경우도 마찬가지다. 이제는 '달력이 먹어치운' 곧 기억으로만 전유하는 그들의 삶이지만 이러한 여성성은 계통발생으로서 언제나 반복된다.

이는 사사로운 개인기억이 문화적 기억으로까지 코드화하는 과정을 거쳐 왔던 사실을 뜻한다.

그러면 대체 기억이란 무엇인가. 여신 므네모시네는 잃어버린 시대를 회상할 때 주로 그 소임과 역할을 다했다. 지나간 잊힌 사건들을 불러오는 일을 므네모시네는 도맡아 한 것이다. 죽은 기억을 되살려내는 이 여신은 다른 한편으로는 고뇌를 망각하고 근심을 끊어내기 위하여 여신 뮤즈를 낳았다고 한다. 말하자면 음악이나 시를 통해 기억을 되살리되 그 기억에 묻은 고뇌와 근심을 탈각시키고자 한 것이다. 기억의 복원내지 회상은 그래서 한 서구소설가에 의하면, 마들레에느 과자와 같은 맛을 제공한다고 한다. 기억은 단지 암기나 기록에 의해 보존되는 것이 아니라 회상과 같은 복원과정을 통해 그 현재적 의미와 풍미(맛)를 제공한다. 전정아의 상당수 시편들이 기억의 복원이나 그 재구성의 형식을 취하고 있는 것도 이 같은 의미에서 주목된다. 앞에서 본대로 전정아는 부모를 축으로 한 가족사의 내력을 들추고(회상) 더 나아가 그 의미를 웅숭깊게 살핀다. 특히 어머니를 통해서는 이 땅에서의 여성성이 무엇인가를 제시한다. 그 여성성은 우리 사회에서 오랫동안 문화적 기억내지 코드화한 것들이기도 하다.

그러나 어찌 어머니나 할머니들뿐이겠는가. 시인 자신 또한 그 같은 우리네의 오랜 문화적 기억 가운데서 여성으로 길러지고 성장했음을 고백한다. 그녀의 일련의 시편들은 마치 성장소설의 삽화들처럼 자신의 유년은 물론 청소년시절을 회상하며 복원하고 있다. 우선 유년담부터 읽어보자.

그 모습, 어린 시절 남동생 안하무인으로 지켜주던 사타구니 속, 거시기 두 쪽 같다. 남녀 이란성 쌍둥이로 태어나, 그 잘난 두 쪽 때문에 뺏긴 게 많다. 동생 머리통 하나만큼 키가 컸던 것도 죄, 아침마다 갓 삶은 계란 한 개가 동생 입으로 들어갔다. 생선이라도 굽는 날이면 몸통은 언제나 동생 몫이었다. 젓가락으로 고등어 대가리를 뒤지며 두 쪽 없는 내 몸 무척 원망했다.

—「분꽃 씨앗」 일부

이 시를 읽다보면 우리 전통가정에서의 남녀차별이, 아니 남아선호사상이 얼마나 뿌리 깊은 것인가를 다시금 확인하게 된다. 그리고 그 사상이 여성들에게 어떤 차별대우를 받게 했는가를 깨닫게 만든다. 유아기의 '엄마 젖' 은 물론, 커가면서 계란이나 생선 같은 소소한 먹거리에 이르기까지 모든 것들을 화자는 여성이란 이유 탓에 차별당한다. 즉 그 차별은 '나를 그렇게 만든 것은 바로 저것!//분꽃 씨 두 알' 때문에 받았던 것이다. 이 시의 화자는 집 앞 화단에서 분꽃 씨앗을 보며 어린 날을 회상한다. 그 어린 날은 바로 자신이 주변부의 존재이며 주체로서보다는 타자로서의 삶을 경험한 시절이었다. 모든 일에서 부당한 차별대우를 받거나 홀대당하던 때인 것이다.

특히 이 작품은 '분꽃 씨앗 두 쪽' 으로 상징되는 전통사회의 남성중심주의를 압축적으로 보여준다. 곧 가부장제하에서 우리 여성들이 어떻게 편견에 시달리며 비하당했는가를 보여주는 것이다. 비록 성장한 뒤의 후일담 형식이긴 하지만, 화자에게 이 유소년기의 경험은 화단의 분꽃 씨앗을 볼 때마다 덧나는 일종의 정신적 상처다. 어찌 이 같은 트라우마뿐이랴. 한 여성으로서의 성장과정에는 그 밖에도 여러 가지 삽화들이 자리 잡는다. 이를테면 서울구경이란 미지의 낯선 공간에 대한 끝없는 동경이 있었는가 하면(「서울 구경」) 여성성에 눈 뜨기 시작하던 무렵의 '꽃기운' 도 있었다. 그리고 그 꽃기운은 달동네에서 월세를 살며 비닐하우스 일을 다녀야만 했던 집안의 가난 탓에 종종 좌절을 겪어야 했다. 그때마다 그녀는 '이러려면 도대체 나를 왜 낳았어?' 라는 반항과 절망감을 분출한다.(「달동네 그곳」) 그런가 하면 그 달동네에서 그녀는 성에 대한 눈뜸도 경험한다. 그것은 하숙집 주인 노부부의 방사房事를 매개로 한 것이다. 화자는 혼자 밤늦도록 독학을 하면서 듣는다. 주인집 안채에서 들리는 '얼른 자, 이 영감탱이야/그 만 찝 적 거 리 고 오' 란 말소리가 그것이다(「달팽이관」). 그 말소리에 나름대로 '지는 꽃은 욕망도 없을 거라고' 생각했던 화자의 통념은 여지없이 무너진다.

우리 누구나 젊은 날 한두 번쯤 겪었을 이 단순한 삽화는 성이 무엇인가를 생각하고 깨닫는 계기가 된다. 사람은 누구나 일차성징이나 이차성징을 통해 자기 자아에 대한 성찰을 시작한다. 그리고 자신이 누구인가 하는 정체성 확립을 해나가게 마련이다. 일반적으로 성이 다산과 풍요의 상징이며 C.보들레르 식의 두 존재간의 중요한 상호소통의 한 수단임을 아는 것은 그 다음 먼 뒷날일 터이다. 한편 여성의 성 담론은 남성에 비해 그동안 주로 금기시되거나 억압되어 왔다. 그 같은 금기와 억압은 여성적 글쓰기의 전략을 통해 몇몇 여성시인들에 의해 얼마 전부터 과감하게 무너져 왔다. 예컨대 김언희나 김선우, 김민정 등의 그간의 일련의 작업들이 그것이다.

물론 이들과는 다른 국면에서 전정아의 시편들은 읽힌다. 앞에서 살핀 대로 그 시편들은 개인의 성장과정에서의 삽화들인 것이다. 그리고 이 삽화들은 사춘기를 거쳐 성이 내면화되는 과정을 보여줌으로써 되레 전통적인 여성성의 담론처럼 읽힌다. 이를테면, 이 시집의 표제가 된 작품 「오렌지나무를 오르다」에서 보여준, 사춘기 시절 일기장을 도배했던 짝사랑의 기억도 그 한 예이다. 화자는 오렌지나무를 매개로, 한 시절, 정확하게는 고등학교 시절의 기억을 일깨우고 회상에 빠진다. 그 회상은 '백 촉의 오렌지' 들을 불 켜는 일이다. 이 시의 화자에게는 저 마들레에느 과자 대신 알전구들이 그 시절을 복원하고 환기시켜주었을 때 휘황하던 것이었다. 그러나 이 회상은 현실 속에서 머지않아 환멸로 바뀐다. 시 「마지막 재회」에 따르자면 짝사랑의 대상은 이제 흔한 이웃 아저씨의 풍모를 한, 그것도 '여전히 발그레해진' 화자의 뺨의 출처마저를 모르는 좀 멍청한 타자이기 때문이다. 그래서 화자는 이제 달콤하고 아픈 한 시절의 기억의 '감옥' 을 탈출할 수 있다. 범박하게 말하자면 이 환멸의 과정이야말로 바로 우리네의 삶이고 성장이 아니던가. 그리고 전정아 시인의 사사로운 개인적 성장담은 여기에서 한 매듭을 짓는다.

3.

기억의 감옥에서 벗어난 뒤의 현실은 그러면 어떤 것인가. 그 현실에는 나를 비롯한 이웃사람들의 고만고만한 일상과 삶들이 놓여 있다. 우선 시인의 일상부터 읽어보자.

> 차디찬 1월이 촛농처럼 녹아내리고, 그곳에서 칠 일의 잠을 빠져나오면 그이가 보인다. 물에 만 밥을 넘기듯 서둘러 집을 나서는 남자, 얽히고설킨 날들 웃음으로 덧칠하며 제자리를 지켜낸다. ……(중략)…… 힘찬 신생의 울음소리를 처음 내게 들려주었던 사내아이,
>
> —「동그라미 가족」 일부

화자가 달력 위에 식구들의 생일을 동그라미로 표시한 데서 이 시는 시작한다. 1월부터 4월까지 남편과 아들, 그리고 딸의 생일을 넘기며 화자는 거기서 '세상 쓴맛이 제거된 생크림 케이크'를 발견한다. 이 경우 케이크는 단순한 생일 케이크가 아니라, 단란한 가족을 상징하는 기표이다. 왜냐하면 그 둥근 모습(케이크이기도 하고 달력 위의 동그라미이기도 한) 속에는 색색의 개성을 드러내며 일가족이 정답게 담겨 있기 때문이다. 둥긂은 원형적 상상력을 빌릴 것도 없이 만다라, 또는 흠결 없는 완전을 뜻한다. 그래서 화자는 '세상 쓴맛이 제거 되'었다고 단란의 정황을 말하는 것이다. 이 화해롭고 단란한 가정의 일상은 앞서 살폈던 시인의 성장담과는 너무나 극명하게 대비된다. 그만큼 밝고 따듯한 중년의 삶을 이제 화자는 누리고 있는

것이다. 하지만 모든 중년세대 여성들의 일상적 삶이 이처럼 화해롭기만 한 것은 아니다. 일상 현실은 대부분 가파르고 험난한 것. 그 현실 가운데는

(a)

길다방 미스 리 년
보따리 싸가지고 홀아비 방에 털썩 주저앉아
분내 풀풀 날리며 며칠 살 비벼 대던 년
홀아비 읍내 나간 사이 장판 밑에 숨겨 놓은
피 같은 돈 이백만 원 갖고 튀었다 한다

—「명자꽃 피는 밤」 일부

는 터무니없는 절도 행각의 여인이 있는가 하면

(b)

앞집 꽃 같았던 영숙이는 함바집을 하며 벌써 사십 초반
옆집 진숙이는 에어로빅 강사를 하며 아직 이십대
아, 나이는 가끔 시력을 미끄러뜨린다

—「그 여자의 화무십일홍」 일부

와 같은, 제 각각의 삶을 영위하는 숱한 장삼이사 여성들이 살고 있는 것이다. (a)는 김수영의 '식모는 도벽으로 완성된다'라는 유명한 시구를 떠올리게 만든다. 시골에서 상경한 가사도우미들이 어느 날 주인집에서 절도 행각을 벌임으로써 세간의 통

념을 사실로 확인시켜주듯 (a)의 특정 직업여성의 경우도 마찬가지다. 그녀에게 성은 속고 속이는, 그리고 교환가치를 획득하기 위한 단순 수단일 뿐이다. 거기에는 일상적 윤리나 통상적인 삶의 가치는 끼어들 틈이 없다. 대신 황폐화한 인성과 현실의 정글법칙만이 횡행할 따름이다. 이 미스 리로 대표되는 성윤리내지 가치의 급격한 해체는 그간의 우리 사회의 격심한 변동에도 그대로 대응된다. (b)는 우리 사회에서 중년여성으로 사는 것이 무엇인가를 보여준다. 생활현실 속에서 사람들은 이러 저러한 사유로 갖가지 신분이동을 겪는다. 그것이 상승이든 하강이든 늘 신분변동을 겪게 마련인 것이다. 마치 개개인 외모가 다 다르듯이 사람들 삶의 역정 역시 언제나 서로 다를 수밖에 없다. 그래서 누구는 함바집을 꾸리고 누구는 에어로빅강사로 잘 나간다. 이들은 각기 다른 삶을 영위하지만 달리는 우리 당대의 주인공들이다. 그리고 이들의 삶 속에는 당대의 시대적 의미나 웅숭깊은 인생의 의미가 담겨 있다. 유교적 수사를 빌자면 격물치지格物致知에 다름 아니라고 할 것이다. 일찍이 발자크가 '자기시대의 서기書記'를 자임하고 뭇사람들을 기록한 예나 필자가 나름대로 '우리 이웃사람들'을 시화詩化한 일들 역시 같은 경우일 터이다. 기록된 다양한 삶을 격格하다 보면 그 속에는 다양하고 복합적인 인생의 의미가 함축되어 있음을 터득하는致知 것이다. 아무튼 (b)작품은 제목 그대로 여성의 젊음이든 미모든, 또는 삶의 굴욕이든 부귀이든 모든 것이 화무십일홍임을 우리에게 일깨운다. 굳이 여성들의 삶에서 뿐이랴. 남성들의 인생역정내지 삶 또한 별반 다르지 않을 터이다.

그러나 아직도 경제적으로 사회적으로 취약한 처지의 여성들에게 이 같은 신분변동은 한결 더 극심할 것이다.

이번 시집의 상당수 작품들은 바로 이러한 여성의 삶이 얼마나 열악한 것인가를 가감 없이 보여주고 있다. 이를테면 '고교 졸업 후 서울 어느 방직공장/길삼틀 앞에서 세를 산다는 그녀'라든가(「안개 속의 플랫폼」), 벙어리란 장애 탓에 도둑으로 몰려 고향을 등진 옥순이(「벙어리 옥순이」), 갖은 고생 끝에 독거노인으로 남은 고향 동네의 최 씨 할머니(「호미」) 등등의 곡절 많은 인물들 삶이 모두 그것이다. 이들 신산한 삶의 주인공들은 이미 앞서 말한 대로 우리 당대의 삶이 무엇인가를 상징하는 기표들이라고 할 것이다. 이 기표들을 전정아 시인은 어찌해야 할 것인가. 다음 작품의 한 대목이 나에게는 그 대답으로 읽힌다.

벽지가 낡았다고
저 벽은 회생할 수 없다고
미리 속단하지 마세요.
왜 벽이 될 수밖에 없었을까
왜 얼룩이 푸른 멍자국처럼 번질 수밖에 없었을까
그대 곰곰이 생각해 보세요

―「도배하는 법」 일부

인용한 작품은 화자의 계몽적인 직접적 진술을 축으로 하고 있다. 하지만 그 진술이야말로 우리 둘레의 뭇여성들을 어떻게 대하고 읽어야 할 것인가를 시사해준다. 화자는 단호한 말투로 얘기한다. 벽이 단단한 것은 '바로 우리가 아픈 마음을/고약 발라주듯 다독여주지 못했기 때문'이라고. 그러면서 '애정이란 빗자루로 아픈 흔적을 깨끗이 쓸어내고' 손수건으로 곪은 상처를 닦아야 한다고 강조한다. 아픔이나 상처를 다독이고 닦는 일-이는 우리가 이미 잘 알고 있는 삶의 지혜일 것이다. 이 작품은 낡은 벽지를 뜯어내고 새로이 도배하는 일을 시적 대상으로 특정하고 있지만 그 의미는 보편적인 것으로 확대해석해도 좋을 것이다. 따라서 여성들의 각기 '단단한 벽'을 넘어서고 '번진 멍자국'들을 감싸는 데는 그 무엇보다도 이러한 애정과 포용이 필요하다고 읽어야 할 것이다. 여기서 우리는 이웃한 옆 사람들에게서 동질성을 발견하고 그들과 함께 이 시대 삶을 공유하는 '옆으로의 초월'을 보게 된다. 한 시대 여성적 삶을 겪물치지로 이해하는 데서 더 나아가 이 같은 옆으로의 초월에 이를 때 우리는 여성적 글쓰기의 또 다른 한 본질에 닿는다고 하리라.

4.

소의 등에는
하느님이 새겨주신 지도가 있다
땅을 잘 기억하라는 말들이
부드러운 털마다 새겨져 있다
소는 등의 지도를 질긴 가죽으로
꼭꼭 동여매고 다닌다

길을 가다가 위장이 허기를 알리면
하늘을 한 번 쳐다본 후
고개를 뒤로 젖혀 지도를 펼쳐본다
등의 지도가 빼곡하게 복사되어 있는 흙
지도를 해독한 소는
풀이 자라는 곳을 찾아낸다
자신의 등이 왜 흙의 빛깔을 닮았는지
곧 알아차린다.
음머어, 음머어
배에 풀을 가득 채운 소가
하늘을 쳐다보며 말씀을 암송한다.

—「등의 지도」 전문

이제 이 글의 끝마무리에서 시집 맨 앞에 놓인 위의 작품을 읽어보자. 이 작품은 쉽게 그러면서도 웅숭깊게 읽힌다. 그렇게 읽히는 것은 무엇 때문일까. 우선 화자의 말을 따라가 보자. 화자는 소의 털빛깔이 흙색깔인 것은 풀밭이 새겨진 등의 지도 때문이라고 한다. 그리고 그 지도는 하느님이 새겨준 것이라고 상상한다. 다만 그 지도를 우리가 쉽게 볼 수 없는 것은 소가 등가죽으로 꼭꼭 동여매 숨긴 탓이다. 여기서 정말 소가 등에 지도를 감추고 있는 것일까 묻는 것은 부질없는 일이다. 그것은 남다른 화자의 상상의 소산일 뿐이기 때문이다. 일반적으로 풀밭을 찾거나 풀을 뜯는 일은 소의 한갓 생존방식이고 본능일 따름이다. 그 본능은 종교적 차원에서 해독하자면 일종의 '섭리' 다. 일반적으로 삼라만상을 있게 만든, 제일원리인 절대적 존재가 마련해준 법칙인 것이다. 소는 그 섭리에 충실하게 따라 살아간다. 그 살아가는 생존방식이, 겉문맥 그대로, 지도를 해독하는 일이다. 그래서 우리는 등의 지도를 섭리라고 그 상징적 의미를 풀어 읽게 된다. 그렇다. 섭리란 언제부턴가 '내 영혼 어느 곳에 머물며/나를 조종하고 있는 삭풍' 같은 것이 아닐까. 이 같은 섭리를 깨닫고 순명에 이른다는 것-그것은 또 다른 삶의 한 방식이지만 이번 시집에서 그 담론들은 보이지 않는다.

앞에서 읽고 검토한 대로 이 시대 여성으로서의 삶은 결국 소의 등의 지도처럼 섭리일 따름인가. 이 물음에 대한 답은 이번 시집 어디에도 나와 있지 않다. 그것은 전적으로 전정아의 몫이다. 그것도 시적 미래의 몫인 것이다. 주지하는 대로 세계와 삶 속에 내재한 자연의 이법을 따르는 시적 태도도 우리시의 한 추세를 이루고 있다. 그 같은 시적 역려를 이미 우리 앞선 세대의 시인들은 여러 가지로 보여주고 있는 것이다. 과연 전 시인은 이들과 달리 또 다른 유니크한 자신만의 '등의 지도'를 보여줄 것인가. 나는 이 물음으로 이 길안내를 마무리하고자 한다. 그리고 시집 상자를 다시 한 번 축하한다.